舞蹈项目活动组织策划

《"四特"教育系列丛书》编委会 编著

吉林出版集团股份有限公司

全国百佳图书出版单位

图书在版编目 (CIP) 数据

舞蹈项目活动组织策划／《"四特"教育系列丛书》编委会编著.—长春：吉林出版集团股份有限公司，2012.4

（"四特"教育系列丛书／庄文中等主编.学校文化建设与文娱活动策划组织）

ISBN 978-7-5463-8606-5

I.①舞… II.①四… III.①舞蹈艺术－青年读物②舞蹈艺术－少年读物 IV.① J7-49

中国版本图书馆 CIP 数据核字（2012）第 042017 号

舞蹈项目活动组织策划
WUDAO XIANGMU HUODONG ZUZHI CEHUA

出 版 人	吴　强	
责任编辑	朱子玉　杨　帆	
开　　本	690mm×960mm　1/16	
字　　数	250 千字	
印　　张	13	
版　　次	2012 年 4 月第 1 版	
印　　次	2023 年 2 月第 3 次印刷	

出　　版	吉林出版集团股份有限公司
发　　行	吉林音像出版社有限责任公司
地　　址	长春市南关区福祉大路 5788 号
电　　话	0431-81629667
印　　刷	三河市燕春印务有限公司

ISBN 978-7-5463-8606-5　　　　　定价：39.80 元

前　言

　　学校教育是个人一生中所受教育最重要的组成部分，个人在学校里接受计划性的指导，系统地学习文化知识、社会规范、道德准则和价值观念。学校教育从某种意义上讲，决定着个人社会化的水平和性质，是个体社会化的重要基地。知识经济时代要求社会尊师重教，学校教育越来越受重视，在社会中起到举足轻重的作用。

　　"四特教育系列丛书"以"特定对象、特别对待、特殊方法、特例分析"为宗旨，立足学校教育与管理，理论结合实践，集多位教育界专家、学者及一线校长、教师的教育成果与经验于一体，围绕困扰学校、领导、教师、学生的教育难题，集思广益，多方借鉴，力求全面彻底解决问题。

　　本辑为"四特教育系列丛书"之"学校文化建设与文娱活动策划组织"。

　　校园文化是学校本身形成和发展的物质文化和精神文化的总和。由于学校是教育人、培养人的社区，因而校园文化一般取其精神文化之含义。即学校共同成员在学校发展过程中，逐步形成的包括学校最高目标、价值观、校风、传统习惯、行为规范和规章制度在内的精神总和。

　　良好的校园文化环境是学生积极参与和悉心建设的结晶，也是实现素质教育、造就优秀人才的一个不可或缺的重要条件。因此，加强学校文化阵地的建设与组织活动策划是一项非常系统性的工程。学校文化阵地建设是学校文化的重要窗口，学校文化组织的策划则是学校实施素质教育和精神文明建设的重要组成部分，这两样都是学生成长成才的内在需要，更是推进学校教育工作的重要载体。

　　"文化娱乐活动"是文化体育娱乐活动的简称，其娱乐性、趣味性、知识性和多元化结合的特点是广大读者在学习之外追求的一种健康生活情趣。

　　学校的文化娱乐活动项目包括音乐、美术、舞蹈、文学、语言、曲艺、戏剧、表演、游艺等多方面内容，广大青少年学生在课余时间通过参加多种形式的文化娱乐活动，能够达到开阔视野、陶冶情操、增长才智、提高能力、沟通人际、适应社会及改善知识结构、掌握实用技能等效果。在这些文化娱乐活动中，他们通过接受不同形式、不同内容的有益教育，能够在潜移中提高思想、文化和身体的综合素质，这对造就和培养有理想、有道德、有纪律、有文化、适应时代腾飞的新一代人才有着十分重要的作用。

　　为了适应青少年发展的需要，营造良好的校园文化环境，为校园文化娱乐活动的组织策划提供良好的指导，我们特地编辑了这套书。从学校的实际情况出发，以育人为根本目标，坚持先进文化的方向，从音乐、绘画、表演、游艺等方面重点对学生的基础知识和操作能力进行训练，努力使他们在娱乐中学到知识，在欢笑中陶冶情趣，并通过系统的训练和比赛，使他们的智力得到开发，知识结构得到改善，最终达到新课标要求的培养高素质的合格人才的目标。

　　本辑共20分册，具体内容如下：

　　1.《学校文化建设与管理创新》

　　校园文化重在建设，它包括物质文化建设、精神文化建设和制度文化建设，这三个方面建设的全面、协调发展，将为学校树立起完整的文化形象。加强学校文化阵地的建设与组织活动策划是一项系统性的工程。本书对学校文化建设的组织管理与创新策划进行了系统而深入的阐述，体例科学，内容全面，具有很强的系统性、实用性、实践性和指导性。

2.《把图书馆打造成传播知识的圣地》

加强学校图书馆建设，对激发学生学习的积极性及提高学生的整体素质有着重要的作用与意义。本书对学校图书馆的建设与管理进行了系统而深入的阐述，体例科学，内容全面，具有很强的系统性、实用性、实践性和指导性。

3.《环境与安全文化建设》

校园安全文化是校园文化的重要组成部分，学校安全文化建设水平的高低已成为学校核心竞争力的基本内容之一。所谓校园安全文化，是指将学校安全理念和安全价值观表现在决策和管理者的态度及行为中，落实在学校的管理制度中，将安全管理融入学校整个管理的实践中，将安全法规、制度落实在决策者、管理者和师生的行为方式中，将安全标准落实在教育教学过程中，由此构成一个良好的安全建设氛围，通过安全文化建设，影响学校各级管理人员和师生的安全自觉性，以文化的力量保障学校财产安全和师生人身安全。学校安全文化有四个层次，即安全观念文化、安全行为文化、安全制度文化和安全物质文化。它们相互作用、相互促进。

4.《把学校建设成传播文化的阵地》

作为中国特色社会主义文化传播阵地重要组成部分的学校，在中华文化面临挑战和发展的机遇之际，应该承担时代赋予的使命，通过教育创新、传承文明、创造先进文化、培养和谐发展的高素质创新人才来促进社会的发展，实现中华民族的伟大复兴。本书对学校文化阵地的建设与管理进行了系统而深入的阐述，体例科学，内容全面，具有很强的系统性、实用性、实践性和指导性。

5.《知识类活动组织策划》

文化知识类活动课是一门全新的课程，就其根本意义来说是为了提高学生的素质，而要做到这一点，必须对文化知识类活动课加强有效、科学的管理。尽管各科活动课教学目标是有弹性、较为宽泛的，但总的教育目标应十分明确，那就是有利于学生主体精神的体现；有利于对学生的分析问题和解决问题能力的培养；有利于树立学生的自我认识；有利于学生个性的发展，管理工作不能偏离这一目标。本书对学校知识类活动的组织策划进行了系统而深入的阐述，体例科学，内容全面，具有很强的系统性、实用性、实践性和指导性。

6.《科普活动组织策划》

科技教育是拓展学生知识面的重要平台，是培养学生自主创新的首要手段，在学生成长过程中已显现出越来越大的不可替代的作用，而学校重视科技教育，则可以让学校的教师和学生在校园里都能有自己的发展空间。如果能够切实地从以上各个环节落实科学实践活动的开展，就可以在全校掀起一股学科学、做科学、用科学的热潮，使学生科学素养得到普遍提高，在落实了普及科学的目标的同时，也提升了学校科学教育的质量。本书对学校科普活动的组织策划进行了系统而深入的阐述，体例科学，内容全面，具有很强的系统性、实用性、实践性和指导性。

7.《收藏活动组织策划》

中华文化艺术几千年源远流长的历史，也凝聚着文艺收藏的风云沧桑。社会文明的整体进步，在促进文艺创作繁荣的同时，也推动了文艺收藏的蓬勃发展。收藏可以陶冶情操、修身养性，它要求收藏者在具备理性的经济头脑的同时，还要有很好的艺术修养。收藏者在收藏的过程中，潜移默化地将自己培养成理性和感性结合得相当和谐的现代人。本书对学校收藏活动的组织策划进行了系统而深入的阐述，体例科学，内容全面，具有很强的系统性、实用性、实践性和指导性。

8.《联欢庆祝活动组织策划》

联欢活动是指单位内部或单位之间组织的文娱活动。通常是为了共同庆贺某一重大事件，或者在某一节日、某一重大活动完毕之后举行。联欢活动一般以聚会的形式进行，所以又称"联欢晚会"。本书对学校联欢活动的组织策划进行了系统而深入的阐述，体例科学，内容全面，具有很强的系统性、实用性、实践性和指导性。

9.《行为文化活动组织策划》

行为文化是指人们在生活、工作之中所贡献的、有价值的，促进文明、文化及人类社会发展的经验及创造性活动。本书对学校行为文化活动的组织策划进行了系统而深入的阐述，体例科学，内容全面，具有很强的系统性、实用性、实践性和指导性。

10.《文娱演出活动组织策划》

演出是指演出单位或个人在特定的时间、特定的环境下所举办的文艺表演活动。由于演出经过长期的发展与各地的差异，目前主要包括电影展演、音乐剧、实景演出、演唱会、音乐会、话剧、歌舞剧、戏曲、综艺、魔术、马戏、舞蹈、民间戏剧、民俗文化等种类。本书对学校娱乐体育活动的组织策划进行了系统而深入的阐述，体例科学，内容全面，具有很强的系统性、实用性、实践性和指导性。

11.《音乐项目活动组织策划》

音乐是一种抒发感情、寄托感情的艺术，它以生动活泼的感性形式，表现高尚的审美理想、审美观念和审美情趣。音乐在给人以美的享受的同时，能提高人的审美能力，净化人们的灵魂，陶冶情操，提高审美情趣，树立崇高的理想。本书对学校音乐项目活动的组织策划进行了系统而深入的阐述，体例科学，内容全面，具有很强的系统性、实用性、实践性和指导性。

12.《美术项目活动组织策划》

美术是美育的主要手段，它的主要任务不仅仅是传授美术知识，也不仅仅是美术技能的训练，而是通过学生内心达到审美状态，良好的心理得到培养和发展，不良心理受到正确引导，使各种心理功能趋于和谐，各种潜能协调发展，最后达到提高人的生存价值、体验与实现美好人生的目的。本书对学校美术项目活动的组织策划进行了系统而深入的阐述，体例科学，内容全面，具有很强的系统性、实用性、实践性和指导性。

13.《舞蹈项目活动组织策划》

舞蹈能够促进少年儿童的生长发育，改善少年儿童的形体，为少年儿童带来艺术气质和形体美，有利于提高少年儿童的身体素质、促进少年儿童的心理健康发展，还能够培养少年儿童的人格魅力。本书对学校舞蹈项目活动的组织策划进行了系统而深入的阐述，体例科学，内容全面，具有很强的系统性、实用性、实践性和指导性。

14.《器乐项目活动组织策划》

贝多芬曾说："音乐应当使人类的精神爆发出火花。""音乐是比一切智慧、哲学更高的启示。"作为素质教育的民乐教学，更突出将学生的全面发展放在首要的地位，使之形成具有显著办校特色的办学指导思想，为学校的全面发展做出了贡献，取得了满意的效果。本书对学校器乐项目活动的组织策划进行了系统而深入的阐述，体例科学，内容全面，具有很强的系统性、实用性、实践性和指导性。

15.《语言项目活动组织策划》

加强学校文化阵地的建设与组织活动策划是一项系统性的工程。学校文化阵地建设是学校文化的重要窗口，学校文化组织的策划则是学校实施素质教育和精神文明建设的重要组成部分。本书对学校语言项目活动的组织策划进行了系统而深入的阐述，体例科学，内容全面，具有很强的系统性、实用性、实践性和指导性。

16.《曲艺项目活动组织策划》

曲艺是中华民族各种"说唱艺术"的统称，它是由民间口头文学和歌唱艺术经过长期发展演变形成的一种独特的艺术形式。曲艺演员必须具备坚实的说功、唱功、做功和高超的模仿力，演员只有具备了这些技巧，才能将人物形象刻画得维妙维肖，使事件的叙述引人入胜，从而博得听众的欣赏。本书对学校曲艺项目活动的组织策划进行了系统而深入的阐述，体例科学，内容全面，具有很强的系统性、实用性、实践性和指导性。

17.《戏剧项目活动组织策划》

戏剧的表演形式多种多样，常见的包括话剧、歌剧、舞剧、音乐剧、木偶戏等，是由演员扮演角色在舞台上当众表演故事情节的一种综合艺术。戏剧情节、歌唱和舞蹈这三者的复杂结合，使中国戏曲具有独特的风格和一系列艺术上的特点。本书对学校戏剧项目活动的组织策划进行了系统而深入的阐述，体例科学，内容全面，具有很强的系统性、实用性、实践性和指导性。

18.《表演项目活动组织策划》

表演指演奏乐曲、上演剧本、朗诵诗词等直接或者借助技术设备以声音、表情、动作公开再现作品。加强学校文化阵地的建设与组织活动策划是一项系统性的工程。本书对学校表演项目活动的组织策划进行了系统而深入的阐述，体例科学，内容全面，具有很强的系统性、实用性、实践性和指导性。

19.《棋牌项目活动组织策划》

"棋牌"是对棋类和牌类娱乐项目的总称，包括中国象棋、围棋、国际象棋、蒙古象棋、五子棋、跳棋、国际跳棋（已列入首届世界智力运动会项目）、军棋、桥牌、扑克、麻将等诸多传统或新兴的娱乐项目。棋牌是十分有趣味的娱乐活动，但不可过度沉迷其中。本书对学校棋牌项目活动的组织策划进行了系统而深入的阐述，体例科学，内容全面，具有很强的系统性、实用性、实践性和指导性。

20.《游艺项目活动组织策划》

游艺是一种闲暇适意的生活调剂，其中既有节令性游乐活动，也有充满竞技色彩的对抗性活动，更多的则是不受时间、地点、条件制约的随意方便的自娱自乐活动。有的继承性极强，规则较严格；有的则是无拘无束的即兴自娱；有的干脆是一种与生产紧密结合的小型采集和捕捉活动。这些丰富多彩的民间游艺活动使得广大劳动人民特别是青少年无论在精神生活、智力开发还是身体素质诸方面都得到有益的充实和锻炼，也成为最普及的农村文化活动形式。本书对学校游艺项目活动的组织策划进行了系统而深入的阐述，体例科学，内容全面，具有很强的系统性、实用性、实践性和指导性。

由于时间、经验的关系，本书在编写等方面，必定存在不足和错误之处，衷心希望各界读者、一线教师及教育界人士批评指正。

编者

目　录

第一节　舞蹈艺术概述

1. 舞蹈的概述

舞蹈是"八大艺术"之一，是于三维空间中以身体为语言作"心智交流"现象的人体的运动表达艺术，一般有音乐伴奏，以有节奏的动作为主要表现手段的艺术形式。它一般借助音乐，也借助其他的道具。舞蹈本身有多元的社会意义及作用，包括运动、社交、礼仪等。

一、独立的舞蹈艺术发展道路

东方的学者孔子说："夫礼，先王以承天之道，以治人之情，故失之者死，得之者生。"西方的学者哈弗洛克·蔼理斯说："如果我们对舞蹈的艺术漠然视之，那么我们不仅无法了解肉体生命的至高表征，并且也无法了解精神生命的至高象征。"东西方学者都强调了：舞蹈是和人类发展的几乎所有方面都紧密交织在一起的。因此，当舞蹈作为一门独立的艺术，在其发展的历史路程中，舞蹈和人类传统、人类社会的千丝万缕的联系，使人类舞蹈艺术反而形成了错综复杂的发展形态。

二、丰富多彩的舞蹈形式

以中国舞蹈文化为例，中国古典民间舞蹈从起源形态上分类，大致分为三大类：劳动生产类，民生民俗类，祭祀类。

从文化形态上分类：农耕文化型、山林文化型、水上人家型、海洋文化型、草原文化型、绿洲文化型、城镇宫廷文化型、佛教（兼及道教、各宗教）文化型、戏曲文化型。

中国古典民间舞蹈从道具上分类，比较典型的有：龙舞、狮子舞、鼓舞、灯舞、绸舞、扇舞、鞭舞、剑舞、轿船舞、踏歌、秧歌、拉花、二人转、社火等。每一类舞中又有很多各具特色的舞种，如社火里就有踩高跷、跑竹马、跳春牛、跑驴等。

形式丰富多彩的人类舞蹈艺术是人类文明的象征，是人类文化的宝贵财富，但如此多姿多彩的舞蹈类别和舞种，又给人们出了一道难题：人类舞蹈艺术的定义到底是什么？

三、人类舞蹈艺术的定义是什么？

中国古籍《毛诗序》中提出："情动于中而形于言，言之不足故嗟叹之，嗟叹之不足故咏歌之，咏歌之不足，不知手之舞之，足之蹈之也。"芭蕾舞剧的奠基人诺维尔也说："人类的感情达到语言不足以表达的程度，舞蹈就会大大奏效，……作为人类感情顶峰的喊叫，也已显得不够，于是喊叫被动作所取代。"这些理论说到了舞蹈艺术是人类抒情的最高形式。美国现代舞蹈创始人依沙多拉·邓肯认为："凡借身体动作以表达思想感情的创造性活动，都是舞蹈艺术。"英国哲学家科林伍德认为，舞蹈是"一切艺术和语言之母"。柏拉图在他老年时最后一篇文章《法律》中说："良好教育的内容就在于知道如何唱得好和舞得好。"始终执著于生活艺术是一种舞蹈的信念的尼采，曾在一封信上说："我的文体是一种舞蹈。"这些说法都牵涉到舞蹈艺术的广泛性。李白诗："起舞拂长剑，四座皆扬眉。因得穷欢情，赠我以新诗。"李白在这里阐明了舞蹈是欢乐和灵感的根源的思想。白居易："始知乐与时政通，岂听铿锵而已矣。"说明了舞蹈与时代风气、风俗相通的道理。

古今中外，人们对舞蹈艺术的论述很多，这些论述都有一定的道理，但是我们没有看到一个科学、全面、准确的对舞蹈艺术的定义。在探索人类舞蹈艺术定义的过程中，我们感到，由于人类舞蹈艺术发展的历史久远、错综复杂，不是一个定义所能涵盖的。

我们是业余舞蹈爱好者，研究、探索舞蹈艺术的条件很有限，不足之处是难免的。人类舞蹈艺术的定义是个很重要的艺术科研课题，我们在此只能是提出这个课题"抛砖引玉"了。

2．舞蹈的起源

据艺术史学家的考证，人类最早产生的艺术就是舞蹈。在远古时期人类尚未产生语言以前，人们就用动作、姿态和表情来传达各种信息和进行情感、思想的交流。在这以后，由各种声音发展成为语言和音调以后，才相继产生了诗歌和音乐。在劳动中，由于制造工具，人的手逐渐变得灵巧起来，又诞生了绘画和雕刻。随着人类的进化、思维能力和认识事物水平的提高，曲艺、小说、戏剧等艺术才相继被创造出来。那么，舞蹈作为一种最古老的艺术，它的源头来自哪里呢？

我国古代和古希腊的神话传说中说，人类是从天帝那里学来的舞蹈，或是人类受到掌管舞蹈的女神的启发才创造出舞蹈来。我们知道，古代的先民，对神和人的概念的理解，并不像现代的人分得那样清楚。那时的人们往往把一些具有不凡才能、超出一般人的智慧和力量的人，或是对于人类做出了较大贡献的人，都看成是神的化身，或是能通神的人。现在，我们知道，各种各样的神都是人以自己的形象为基础，经过想象而创造出来的，是神创造了舞蹈，归根结底也就是我们人创造了舞蹈。那么，人又是如何创造了舞蹈呢？

有的学者认为，人有模仿的本能，舞蹈是人用有节奏的动作对各种野兽动作和习性的模仿。有些舞蹈还是对一些自然景物动态形象的模仿，如柳枝的摇曳、海浪的翻滚、风的飘荡旋转等，人们都可以模仿它们进行舞蹈。

也有学者认为，在艺术的起源中，模仿虽然重要，但还不是真正的起因，艺术的起因是"游戏的冲动"，游戏是人性的表现，游戏也是人类最终脱离动物界的标志。这里的游戏，是指人的审美需求，即以假象为快乐。如人模仿动物的舞蹈，就是通过这种假象的游戏来获得快乐和宣泄自己的情感。

不少学者从原始人为了生存的需要，把繁衍下一代看作是非常重要的事情，而舞蹈是择偶、求婚的主要方式和手段。而有的学者认为，舞蹈不仅表现人的情爱，人们的各种激越的情感，人们生活中有重大意义的情感和活动，都会用舞蹈来表观。再没有别的艺术行为，能像舞蹈那样激动一切人类，我国古代乐舞理论中就有："情动于中而形于言，言之不足故嗟叹之，嗟叹之不足故咏歌之，咏歌之不足，不知手之舞之，足之蹈之也。"这也生动地说明了舞蹈是表现人们最激动的情感的产物。

我国有很多学者主张舞蹈起源于劳动的理论，因为劳动是人生存和发展的第一需要，也是劳动创造了人自身，是劳动使人脱离了动物界，是劳动创造了人类社会。在原始人的舞蹈中，表现狩猎和种植及各种劳动生活的占有最大的比重。

我们认为，以上各种舞蹈起源的理论，都有一定的道理，但又都不十分完整和全面，因为舞蹈活动是人类生活中的一种社会现象，它的起源和世界上的一切事物的构成一样，都不是单一的，而是有着多种因素的，所以人们主张"劳动综合论"，即舞蹈起源于人类求生存、求发展中劳动实践和其他多种生活实践的需要，如果再详细一点来说，舞蹈起源于远古人类在求生存、求发展中劳动生产（狩猎、农耕）、健身和战斗操练等活动的模拟再现，以及表现自身情感思想内在冲动的需要。它和诗歌、音乐结合在一起，是人类历史上最早产生的艺术形式之一。

3. 图腾与舞蹈

图腾原为美洲印第安人的方言，即"他的血族"。图腾是氏族共同的标志或符号，是对外的意义，也有奉图腾为始祖的对内意义。他们多以动物、植物或无生物及自然现象为标志。印第安人有以鹰为图腾的，澳洲的土著许多部落各以一个图腾为名，如雨、水、袋鼠、食火鸡等。中华民族同样经历过这样的历程，远在夏、商之前，图腾即为原始民族的信仰和标志，黄帝氏族即以云为图腾标志："昔者黄帝氏以云纪，故为云师而云名。"（《左传·昭公十七年》）

原始氏族图腾崇拜与舞蹈和武术活动关系极为密切，祭祀、庆典都要对着图腾起舞，后来逐渐演变为模拟图腾起舞，从而产生大量象形取意的拳法和舞蹈节目。例如，黄帝氏族以云为图腾，而产生了以《云门大卷》为名的乐舞，以祭祀黄帝。原始夏人的图腾为龙。"鲧死……化为黄龙，是用出禹"，其后有了龙舞，一直留传至今，而龙成为华夏民族的象征。龙是虚拟的动物，龙的基调是蛇，陶寺出土的属于夏文化的龙盘形象可以证明。此后，又吸收了兽类的四脚、马的头、鬣的尾、鹿的角、鱼的鳞和须（闻一多《伏羲考》）。说明华夏民族是由不同图腾部落兼并糅合而成的一个综合形象，是部落兼并的产物。辽东半岛后洼出土的6 000年前的石龙是目前所见最早的龙图腾形象，其后在汉代才出现了龙舞的最早记载（见董仲舒《春秋繁露》）。实际上，龙舞的出现要早得多。

滇西南哀牢山脉彝族和凉山彝族都自称为"罗罗"，意为虎。彝族自命为虎，反映了彝族曾以虎为图腾。甘肃省出土的虎斑纹陶片是图腾崇拜的实物。彝族、纳西族、傈僳族等以黑虎为图腾。西南地区的巴人及其后代土家族和普米族、白族则以白虎为图腾。彝族以十二属相轮回纪日，以虎为首，至今还保留着"十二兽舞"。该舞以表演猛虎降临，猛扑家畜的动作为高潮，可以想见虎图腾舞的原貌。彝族"打歌"时边舞边吟唱"罗哩罗，罗哩罗！"意即"虎啊虎，虎啊虎！"

东北地区黑龙江一带鄂温克族是以熊为图腾的，最初他们禁止猎熊，但后来在不得已的情况下，捕猎并宰杀充饥。日本北海道的阿伊努族也是以熊为图腾的，他们每年祭熊时伴以歌舞，多为女性舞，有的戴熊面具、着熊纹衣，舞名《乌宝宝》。

我国以鸟为图腾的氏族也不少，仰韶文化半坡遗址就有鸟头陶塑。传说伏羲氏的后裔少翱氏"以鸟命官"，有凤鸟氏、玄鸟氏、青鸟氏等 24 种，可能是将以鸟类为图腾的 24 个氏族结合在一起，都有一定的官职。龙凤图腾是古代民族中最基本的两大类，凤即玄鸟。《玄鸟》："天命玄鸟，降而生商。"传说黄河下游殷商的始祖契，为其母简狄吞食玄鸟蛋而生，因之殷人是以凤为图腾的。满族的图腾为神鹊，传说满族的始祖，是他母亲吞食了神鹊所衔的朱果而生的。以鸟为图腾的例子在世界范围内还有很多，如加拿大温哥华印第安人的后裔现在仍保留猫头鹰的图腾舞，不但有大型木雕的猫头鹰形象，而且有舞蹈，舞者衣纹为猫头鹰，全身披挂它的猎获物老鼠。

我国中南地区瑶族以狗为图腾，每年有祭祀祖先盘古的风俗。陆次云《峒溪纤志》："岁首祭盘瓠，揉鱼肉于木槽，扣槽群号以为礼。"瑶族刺绣中很多花纹为狗，而扣木槽则变为击长鼓舞蹈的习俗留传至今。青蛙（广西等地称"蚂拐"），也是古代某些氏族的图腾。东北地区少数民族有"金蛙""朱蒙"；广西壮族自治区东兰县、巴马瑶族自治县、凤山县、天峨县等至今在旧历正月仍要举行一年一度的"蚂拐节"，在天峨县的排乡云榜村，至今还保留着图腾舞蹈"蚂拐舞"；而纳西族崇拜的图腾除虎、狮外还有蛙，他们身上披的羊皮要剪裁成蛙的体形。纳西族东巴经象形文字舞谱中还指出，居住在辽阔富饶的大地上的人类，其舞蹈的来源是由于看到金色神蛙的跳跃而受到启发的（见《神寿岁与东巴舞谱》），这足以说明图腾和图腾舞蹈的密切关系。

图腾随氏族部落的分裂、兼并、迁徙出现不同层次、不同的文化圈，一个氏族也不止一个图腾。图腾最早是全体族员的共同祖先，进入封建王朝，成为最高统治者一姓的祖先，使用这种图腾符瑞成为他们的特权，皇帝用龙，皇后用凤。但是，表现龙、凤（包括一些鸟舞）的舞蹈已成为千百万群众喜闻乐见的民族舞蹈，而图腾舞蹈为东方文化的"象形取意"原则和规律奠定了基础。

4. 舞蹈的欣赏

舞蹈欣赏，是人们观赏舞蹈演出时所产生的一种精神活动，是对舞蹈作品的感受、体验和理解的整个过程。因此，它本质上是一种认识活动。但它又不同于一般的认识活动，而是一种特殊的对舞蹈作品的认识活动。舞蹈欣赏，就是观众通过舞蹈作品中所塑造出的舞蹈形象，具体地认识它所反映的社会生活、人物的思想感情，以及舞蹈作者对这种生活现象的审美评价。观众在欣赏舞蹈作品的过程中，往往会联系自己的生活经历，产生情感上的共鸣，激发起记忆中有关的印象、经验及一系列的想象、联想等形象思维活动，来丰富和补充舞蹈作品中的舞蹈形象，使其更加完整、生动和鲜明，从而能在观赏舞蹈作品的过程中体会到更加宽广的生活内容和深刻的思想含义。

人们进行舞蹈欣赏这种舞蹈的审美活动，首先必须具备一定的主观条件，也就是说要具有一定的舞蹈知识、舞蹈欣赏水平和认识能力，舞蹈欣赏活动才能正常和顺利地进行。这正如马克思所说的那样："如果你想得到艺术的享受，你本身就必须是一个有艺术修养的人。"只有音乐才能激起人的音乐感，对于不辨音律的耳朵说来，最美的音乐也毫无意义。所以，我们了解舞蹈艺术的特性、舞蹈和其他艺术的关系、舞蹈形象构成的各种因素及其产生的过程等，就非常必要了。在前面我们曾谈过，舞蹈是以经过提炼、组织、美化了的人体动作为主要表现手段，表现人们的情感和思想，反映社会生活的一种艺术。从舞蹈作品诉诸于欣赏者的感觉特点来看，它是一种综合了听觉（时间性）和视觉（空间性）的表演艺术。

5．跳舞的好处

舞蹈可以让人身材曲线变得更美，大腿肌肉和手臂肌肉也更紧实，同时是纾解情绪的好方法。

舞蹈是一种有益身心健康的活动，可以增强体质，使人性格变得开朗、身体变得柔软。

舞蹈对肌肉的刺激是全面性、综合性的，它的动作兼顾头、颈、胸、腿、髋等部位。比如，爵士舞对小关节、小肌肉的运动较多，这些地方是平日健身不大容易活动到的地方。另外，舞蹈还具备有氧运动的效果，使练习者在提高主肺功能的同时，达到减肥的目的。

在舞蹈当中，连贯的动作节奏很快，一整套动作连贯而流畅，整齐而有韵律感，对乐感、灵巧度的锻炼很有帮助。而它的趣味性容易让人集中和专注，忽略掉运动的疲劳。

舞蹈的健身动作爆发力强，对人体体能潜力开发性强，因为舞蹈多以绕环小关节的运动为主，因此能较好地改善练习者的协调能力。舞蹈是一种极具表现力的运动，通过舞蹈课程，练习者在表现自己的同时培养了自信和气质。

教练都把健身舞蹈称为"带着笑容去训练的项目"，在舞蹈课中，他们更关注的是大家是否愉快和尽兴、动作是否奔放和潇洒，因此在心理放松上，舞蹈有着非常大的作用。

所以，建议大家只需每天跳舞 30 分钟，即会为身体带来莫大的益处，包括：

①强健骨骼，降低患骨质疏松的风险；

②增强心肺功能，促进血液循环；

③减少患冠心病、高血压、糖尿病、大肠癌的风险；

④增加关节的灵活性和柔软度，减少受伤的风险；

⑤消耗热量，维持适当的体重；

⑥在乐声中翩翩起舞，有助于消除压力，促进身心的健康；

⑦家人一起参与，可增进感情；

⑧与朋友共舞，有助于扩大生活圈子。

6. 中国舞蹈的历史

舞蹈，是通过有节奏的、经过提炼和组织的人体动作和造型，来表达一定的思想感情的艺术。正如闻一多在《说舞》中所言："舞是生命情调最直接、最实质、最强烈、最尖锐、最单纯而又最充足的表现。"舞蹈总是与人类最热烈的感情联系在一起的。

舞蹈是人类最古老的艺术形式之一,可以说中国有多少年的文明,就有多少年的舞蹈史。从最蒙昧的上古时代开始,中国传统舞蹈经过了多个阶段的发展和演变,逐渐形成了具中国独特形态和神韵的东方舞蹈艺术。

上古时期

中华民族的舞蹈文化源远流长,上下五千年,记录中华民族舞蹈发展轨迹的文物图像和文字连绵不断,这在世界文化史上也是罕见的。

距今五、六千年前的新石器时代舞蹈纹陶盆的出土,向世人展示了原始舞蹈整齐的队势及其群体性、自娱性的特点。远古传说"帝俊有子八人,始为歌舞"说明了歌舞的创造者是群体。

人类为了维持生命和延续生命,必须通过劳动创造物质财富与精神财富。因此,劳动是人类最基本、最重要的社会活动。深深植根于人类生活中的舞蹈,必然会反映劳动的内容。

舞蹈纹陶盆带尾饰的人物形象,既是狩猎劳动生活的反映,又带有图腾崇拜的遗迹。图腾是氏族的标记,所以人们崇拜它。

传说中的原始乐舞

传说中的远古音乐,充满神秘色彩,因其特点是以歌、舞、乐三者融为一体的表现形式,故后人统称其为"原始乐舞"。

原始乐舞基本上分为两类。一类是以反映部落的生产和生活方式为代表特征的音乐,如"朱襄氏之乐"说的是因干旱求雨的事;"阴康氏之乐"是健身驱湿的乐舞;"伊耆氏之乐"反映出先民以"腊祭"

祈求丰收的愿望；及"葛天氏之乐"勾画出先民进入农业生产阶段的生活图景等。另一类则是与传说中的古代帝王密切相关的音乐，如歌颂黄帝、颛顼、帝喾、帝尧、帝舜和夏禹功绩的乐舞。

这一时期的乐舞内容，集中地体现出人类的生存行为，及求索于自然的心态。例如，在"葛天氏之乐"中的的乐舞："三人操牛尾，投足以歌八阕。"其中提到的八首歌曲中，《载民》是歌颂承天载民的土地；《玄鸟》是崇拜氏族的图腾——一种寓意吉祥的黑色小鸟；《遂草木》祝愿茂盛的草木；《奋五谷》祈求五谷的丰收；《敬天常》歌颂上天的恩赐；《达帝功》歌颂上天的恩德；《依地德》歌颂大地的抚育；《总禽兽之极》祈祷上天多赐予鸟兽，使人民安居乐业。

原始时代的乐器

很多传述原始时期的文献，不仅记载了当时音乐的大致形态，同时也涉及一些乐器。例如，《吕氏春秋·古乐篇》中提及，在远古的朱襄氏时期，不仅风沙很大，而且气候十分干燥，植被散落，子种无果。这时，有一个叫士达的贤人制造了五弦的瑟，用来求雨，以此帮助人们过安定的生活，其中的"五弦瑟"可推断为原始时期具有代表性的乐器。

当然，也有很多历代传承和出土的音乐文物，可以印证中国有着很悠久的音乐文化历史。如 1985 年，考古学家在河南舞阳贾湖村东的新石器时期遗址中，发掘出 25 支竖吹骨笛，专家对其中的一支古笛进行了测定，证明它发出的音是一个完整的七声音列。根据碳 14 的测定，这些骨笛距今约有 8 000 多年的历史，它表明我们的祖先很早就有了音高的概念。另外，在现在出土的原始乐器中，数量最多的是埙，它的形状通常多为卵形，平底，有一个吹孔、一个或若干个音孔。

原始时期的埙也为研究古代音阶的形成提供了充足的例证。

龙舞和龙的传人

中华民族常自称是"龙的传人"。龙是我们祖先创造的一种臆想的动物，是神圣权力和祥瑞的象征。

它的形状，是许多民族图腾形状的集合体。它显示了远古时代中华大地上的不同氏族不断联合、兼并、融合的过程。因此，龙称得上是中华民族的象征。

在距今5 000多年前的辽西红山文化遗址墓葬中，发现蚌塑龙形，由于造型大、形象逼真，被视为"华夏第一龙"。早在3 000多年前殷商时代的甲骨文中，就有"龙"字，龙字有多种写法，有片甲骨上是："十人又五见龙在田，又雨。"

从汉经唐到明清，有关龙的记载史不绝书，至今民间还有舞龙求雨的风俗。每逢节庆，中华大地及全世界的华人聚居区，都有翻腾飞舞着的风采各异的龙舞，如华丽的彩绘巨龙，用朵朵莲花组成的"百叶龙"，满身香火、口中喷火的"火龙"，以人体组成的"肉龙""人龙"，板板相联、连绵不断的"板龙"，以及小型的"纸龙""段龙""板凳龙""手龙"，等等。龙舞已成为中华民族精神的象征。

夏商时期

夏禹传位给自己的儿子启，结束了"选贤与能"的时代，领袖世袭，成为"家天下"的局面，奴隶制建立，夏以后的殷商时代（约公元前1300年～约公元前1046年）是一个神权统治的奴隶时代，事无巨细都要占卜问卦，在河南安阳殷墟出土的大批甲骨文（刻在龟甲和兽骨上的文字），是记录宗教活动的档案。

在这些甲骨文中，有一些关于舞蹈的记载，这是中国舞蹈史上最早的文献记录。又有"庸舞"，即一面击庸一面舞蹈的记载。一面演奏乐器一面舞蹈是中国的传统，今天的腰鼓舞、花鼓舞、钹舞、芦笙舞等都是这类舞蹈。甲骨文中还出现了一些与面具舞有关的字形，史家认为这是"魌"字。

这时，舞蹈从自娱、全民性的活动，部分地进入表演艺术领域，并且出现了最早的专业舞人——乐舞奴隶。安阳市武官村殷墟奴隶主墓中，出土了许多殉葬人的尸骨，其中就有与乐器、舞具埋在一起的年青女子的尸骨，她们很可能是乐舞奴隶。殉葬是奴隶制最残酷的一面。

从舞蹈艺术的发展来看：这个时期，舞蹈进入表演艺术领域，出现了专业舞人，标志着舞蹈艺术取得了进步。

从诗歌看生活

由于夏距今久远，我们所依据的音乐文献大多为传说的性质。如在《吕氏春秋·古乐篇》中记载了夏王朝颂禹的治水功绩，其中所提到的《夏乐》亦称为《大夏》。其音乐特点体现为三点：第一，反映了人与自然的关系；第二，体现出从部落领袖向奴隶制的国君转变的过渡；第三，体现出奴隶制度下的音乐审美观，即"王者功成作乐"的意志。

商朝的音乐，既是统治者的享乐工具，也是炫耀特权的标志。1950年，在河南省武官村的殷代墓穴中发现24具女性的骨架及随葬的乐器；1953年，在河南大司空村殷代墓穴中也发现了随葬的奴隶骨架和乐器。

商代的音乐水平很高，尤其是以对后世影响最大的钟和磬为代表。商代的钟是用青铜（其合金成分基本为铜和锡）制造的。由于它的形状有些像中国的"弧形瓦"，因而被人们视为中国最具特点的"合瓦形"钟。磬则通常是用石制材料制成的。商钟很少单独使用，大多为3枚组成一组，并具备了五声音阶的概念。而磬是以单音方式演奏的。需要强调的是，这不仅是使中华儿女不能忘却的"青铜时代"，也标志着人类在音乐听觉上对音响材料的一次音乐革命。

在古代，诗歌与音乐密切相关，两位一体，而不少古文从不同的角度反映出古人的生活和风俗。如在《易经·贲（六四）》中便记载了当时的一种抢婚习俗，即"贲如，皤如，白马翰如；匪寇，婚媾。"其大意为：那位骑着一匹打扮漂亮的、横行盘旋的、白色的马之人，不是贼寇，而是要去结婚的人。还有反映战争的内容，如《易经·中浮（六三）》："得敌，或鼓，或罢（音擘），或泣，或歌。"其大意为：因为战胜并俘虏了敌人，所以人们有的敲大鼓，有的敲擘鼓，还有高兴地哭泣起来和唱起来的，等等。

需要说明的是，那时乐人的地位是很卑微的，而且没有人身自由。在河南省安阳市武官村的殷墓中，发现了随葬的女性骨架24具，在他们的身边还有随葬的3件小铜戈和一枚虎纹特磬。由此可以判断，她们可能就是随葬的乐人。

西周时期

周武王领导各方国部落，一举灭商，在公元前1046年建立周朝。西周初年制礼作乐，汇集整理了从远古到周初歌颂对推动人类进步有贡献的领袖的乐舞，如歌颂黄帝的《云门》、歌颂尧的《咸池》、歌颂舜的《大韶》、歌颂禹的《大夏》、商汤的《大濩》及歌颂武王伐纣的《大武》，合共六舞，史称"六代舞"。分文舞、武舞两大类。周代将这些乐舞用于礼仪祭祀。各种不同等级的人，用不同规模的乐舞，等级严明，不容僭越。

同时，又编制"六小舞"，用以教育国子（即贵族子弟，当时只有贵族子弟才有受教育的权利），可说是中国最古老的舞蹈教材。"六小舞"大都是古代民间舞，如舞缯（丝绸）的《帗舞》、舞羽毛的《羽舞》、《皇舞》、舞盾的《干舞》、舞牛尾的《旄舞》、舞袖的《人舞》。自此以后，雅乐舞体系建立。

雅乐舞一直延续到清代，各朝各代均按本朝歌功颂德的需要而增删、编制。直至当代，日本、韩国，以及东南亚一带仍保存了从中国传去的雅乐舞。有的地区用于祭祀孔子，有的地区按自己国家要加以改编。流传到韩国的雅乐，用于祭礼，1995 年韩国的祭礼乐舞被联合国教科文组织认定为"世界文化遗产"。中国的山东曲阜孔庙，至今仍用雅乐祭祀孔子，是旅游观光的项目之一。

雅乐在世界流传了 3 000 多年，但由于它较为刻板，仅仅成为祭礼仪式，早在公元前四五百年前的春秋战国时代，已渐趋衰落，不受人们的欢迎。

孔庙、孔林、孔府、八佾舞之初献

八佾的佾字，音逸，马融注："佾，列也。"八佾舞，由舞者执羽而舞，以八人为一列，八列则有六十四人。这是天子祭太庙所用的人数。邢昺《疏》说，天子所以八佾者，案《春秋》隐公五年左氏《传》，公问执羽人数于众仲，众仲对曰："天子用八，诸侯用六，大夫四，士二。夫舞所以节八音，而行八风。"《左传》杜预注，《公羊传》何休注，皆说诸侯六佾，六六三十六人。大夫四佾，四四十六人。士二佾，二二为四人。《疏》又引服虔《春秋左氏传解谊》说，诸侯用六，为六八四十八人。大夫四，为四八三十二人。士二，为二八十六人。后儒以为，八音克谐，然后成乐，每列必须八人，当以服氏之说为允。

西周礼乐史诗

尽管周代的政治制度和思想体系因袭商代，而且宗教观仍占统治地位，但是在文化、意识形态方面却已大不相同了。"殷鉴不远"的历史教训，促使周王朝制订了"礼乐"制度，雅乐就是在这样的背景下形成的。由此，周朝建立了中国第一个宫廷雅乐体系。雅乐，即中国古代祭祀天地、祖先及祝祷风调、雨顺、丰收等典礼时所演奏的音乐形式，它体现在当时的宫廷郊社、庙宇宗堂或政治军事等各方面。例如，最为西周统治者所推崇的，便是被后来的儒家奉为典范的"六代之乐"。

这些乐舞不仅反映出当时统治者"王者功成作乐"的心态（如《乐记》："夫乐者，象成者也。"意指所奏的音乐，象征着战争的胜利），同时也反映出西周的"礼乐制度"有着严格的等级区别。《周礼·春官·小胥》中道："正乐县之位：王宫县，诸侯轩县，卿大夫判县，士特县。"表明当时已制定了严格的音乐制度，即王的乐队和乐器可以排列为东、西、南、北四面；诸侯可排列三面；卿和大夫可排列两面；士只可以排列一面。由此可见，这种带有等级的"礼乐制度"，事实上是统治阶级为了巩固其统治地位而设定的。

象征和平的羽舞

广西花山岩画和云南沧源岩画中，都有戴着长长的羽翎或披羽的人。古代传说：禹征有苗30天，有苗仍不服。于是收兵，禹用干（防御性武器）和羽（表示和平愿望的橄榄枝），于是有苗归服，战争停止了。雅乐舞体系中的另一大类——文舞，就是拿着羽毛和龠（编管乐器）舞蹈的。

云南省昆明市晋宁区石寨山滇王墓出土的贮贝（当时的钱币）器盖上，刻有一群手执羽毛的舞人纹样。滇王庄蹻，本楚国将领，奉命出征云南。秦灭楚国后，庄蹻定居云南，被当地民族拥护为滇王，故滇王墓随葬品中，有不少带有中原文化特色的文物。

至今白马人还有用漂亮羽毛向姑娘求爱的风俗。羽毛是勇敢、智慧的猎人的标志，容易受到姑娘的青睐，故送羽毛求爱。

古代武舞

原始时代，部落或部落联盟之间常常发生掠夺或血亲复仇的战争。既有战争生活，就产生了反映战争的舞蹈，如甘肃省黑山岩画中的操练图；云南省沧源岩画中手执干（盾）戚（斧）的人物形象；阴山岩画有杀战俘庆功的舞蹈场面。宁死不屈的刑天精神，传为千古佳话：刑天氏与帝争战，帝胜，将刑天葬在常阳之山，刑天不屈，手执干（盾）戚（斧）而舞。刑天宁死不屈、虽死仍战的大无畏精神，永远激励着中华儿女。手执干戚而舞，成为古代典型的武舞，是雅乐舞体系中的一大类。与后世武术中的各种器械术、戏曲中的把子功及舞蹈中的"剑舞"等等是一脉相承的。

东周时期

历史进入东周的春秋战国时代（公元前770年～公元前221年）。由于铁器的发明，生产力提高，社会发生巨大变革，封建制稳固确立。

西周初年建立的雅乐体系，在短时期的辉煌后，出现了"礼崩乐坏"的局面。千姿百态的民间舞蓬勃兴起，《诗经》中描绘各地风情的诗歌，极生动地反映了民间舞的活动情景，如《东门之枌》："不绩其麻，市也婆娑"，描写了姑娘忘情地舞蹈；《宛丘》："坎其击鼓，宛丘之下。无冬无夏，值其鹭羽"，描写人们不分寒冬酷暑，都醉心于歌舞。

当时，各诸侯后宫和贵族之家，都养了不少歌舞人——"女舞"，以供欣赏娱乐。表演性舞蹈取得了很大的发展。东周特别是战国时期的墓葬中，出土了许多十分优美生动的舞蹈文物。此外，著名舞人旋娟与提嫫，舞姿轻盈如《集羽》，飘拂之姿如《萦尘》，柔软腰肢似可卷曲入怀的《旋怀》。楚舞的特点是：袅袅长袖，细腰欲折，故有"楚王爱细腰，宫中多饿人"之说。以扭腰出胯为特征的舞姿，已清晰地呈现出来，以轻盈飘逸柔曼为美的审美意识，亦已明确地显示出来。这样的审美特征，对后世产生了深远的影响，一直传承至今。

另外一种风格的舞蹈，如《大武》，激烈昂扬，气势磅礴，表现民族舞蹈的雄健和阳刚之美。刚与柔、文与武，两种对比强烈的舞风，一直贯串中国传统舞蹈发展的进程。

周代是中国舞蹈发展史上第一个集大成的时代。

杰出舞人旋娟与提嫫

距今 2 000 余年的战国时代，出现了两个著名舞人——旋娟与提嫫。

据《拾遗记》载：燕昭王即位的第二年（公元前 310 年），广延国献来两个善舞女子，即旋娟与提嫫。她们容颜美丽，舞姿轻盈飘逸。她们表演了三个舞蹈：第一，《萦尘》，舞姿如空际萦绕的轻尘；第二，

《集羽》，如羽毛在风中飘摇回荡；第三，《旋怀》，舞态身姿极柔软，似可卷屈"入怀袖也"。

文中提及她们在铺有四、五寸厚的香屑上舞蹈，竟"弥日无迹"。当然，古人的记载难免有某些艺术夸张的成分，但旋娟与提嫫这两个最早被记录下来的中国古代舞蹈家的技艺，是令人惊叹的。而舞姿轻盈，确是中华民族长期以来崇尚的审美特征。

春秋战国时期

作为当时显学（即著名的学说或学派）代表的孔子、墨子、老子的音乐思想，对中国后世的音乐美学理论产生了不可估量的影响。

孔子不仅追求完美的人生境界，而且在音乐上也立志"尽善尽美"。孔子以为，"善"是指乐舞的内容，其中包含了社会道德的内涵；"美"是乐舞的形式，就是指审美的标准。因此，孔子听《韶》乐给予的极高评价，即"尽善尽美"，以至到了"三月不知肉味"的地步。

与孔子持相反论调的，最典型的是墨家的"非乐"（即否定音乐）之说。由于墨子十分强调勤俭节约，因此反对儒家"礼乐"制度的奢华。他批评儒家"好乐而淫人，不可使亲治"（《墨子·非儒（下）》）"儒之道足以丧天下者四政焉"（《墨子·公孟》）。这种思想是站在平民百姓的立场阐发的，墨子认为贵族放纵的音乐行为，使百姓不堪负荷。

还有道家的"大音希声"之说。老子音乐思想的哲学基础是"道法自然"。在他看来，"道"是无形、无象、无任何规定的性质。音乐的"道"，乃是"听之不闻名为希"，其中，"希"属于"道"的自然本性。所谓"大音希声"，就是指具有"道"的属性的音乐（即最大最美的音乐）。

当时有各种学派和学说，其中有关音乐的思想，为后世的音乐美学研究奠定了基础。

到底这些令孔子不知肉味的钟磬之乐有多神奇，而墨子力反的贵族音乐生活如何奢侈呢？人们于 1978 年在湖北随县出土的曾侯乙墓地下乐宫中，找到了形象的答案。

春秋时期的吴越（今江浙一带）接受了周文化的影响，并继承了百越原有的青铜大铙，但另一方面仍保留了传统的祭祀习俗，形成了与中原风俗完全相悖的音乐风貌。这由《吕氏春秋·遇合》中所述越王爱听"野音"的故事中可见一斑。

此外，楚国也很早便接受了作为周文化象征的钟磬，这从纪南城出土的战国乐器可以看出。而当时的《楚辞》，不仅是中国文学史上划时代的里程碑，而且在中国古代音乐史中亦是一部具浓郁古典浪漫主义色彩的作品。如屈原所作的《九歌·东皇太一》，其中唱道：

"杨抱兮抵鼓，疏缓节兮安歌；陈竽瑟兮浩倡；灵偃蹇兮姣服，芳菲菲兮满堂；五音纷兮繁会，君欣欣兮乐康。"

这首诗歌将浪漫而辉煌的祭祀场面描绘得淋漓尽致。

至于北方，由于北方文化以史官文化为主，着重于人事且讲求实际，因而在音乐上显现出以《诗经》为代表的现实主义色彩。

秦汉时期

出身下层的汉高祖刘邦，推翻了秦朝暴政，建立汉朝，国家统一，人民生活安定，经济发达，包括舞蹈在内的文化艺术也发展到一个新的水平。秦汉时代建立的"乐府"制度，大量整理民间乐舞，一方面可供统治者作施政参考，另外亦可供宫廷欣赏享乐，客观上推动了舞蹈的发展。

汉代盛行"百戏"，是多种民间技艺的串演，包括杂技、武术、幻术、滑稽表演、音乐演奏、舞蹈等，深受人民的喜爱。著名的节目有《东海黄公》《总会仙倡》等。从汉墓出土的大量画像石、画像砖及陶俑等，我们今天仍可一窥 2 000 多年前丰富多彩的汉代"百戏"和舞蹈。

汉代舞蹈的特点是博采众长，技艺向高难度发展，结合舞蹈与杂技的盘鼓舞就是一个典型的例子。此外，以长袖为特征的袖舞，双手执长巾而舞的巾舞，也是汉代著名的舞蹈。

丰富多彩的汉代舞蹈，都是各种乐舞艺人的辛勤成果，但由于他们被社会轻视，史籍中很少留下他（她）们的名字和事迹。我们较熟悉的汉代著名舞人赵飞燕和戚夫人，虽然能靠出色的舞艺爬到统治阶层中，但最后都落得了悲惨的下场，从中我们亦可了解到一般歌舞伎人的辛酸。

秦汉时期

1976 年 2 月，在秦始皇陵出土了一枚带有错金铭文的秦代"乐府"

编钟，由此推翻了通常所认为的"乐府"成形于汉代之说。这枚秦代"乐府"编钟也印证了"汉袭秦制"的说法。秦汉时期的"乐府"不仅涉及面宽，其机构也很庞大。有文献表明，汉代"乐府"的职能主要体现在对民间音乐的采集和整理；同时，为了满足宫廷音乐生活的需要，又须创作或编写歌词、曲调，以及演唱或演奏。

汉代"乐府"的领导人是李延年，他是河北中山（今定县）人，因具有音乐才能被召入宫，后又因触犯了律法而受"腐刑"（在宫中负责养狗的事情）。由于其妹被纳为嫔妃并封为"李夫人"，深得汉武帝宠爱，李延年也承宠而被封为"协律都尉"。他曾为汉武帝祭祀天地而作了《祭祀歌》19章，还根据从西域传入的《摩诃兜勒》，改编成28首新曲。因其妹早逝，加之其弟与宫女私通、其兄兵败投敌等原因，故使得汉武帝在一怒之下杀了李延年全家。

以董仲舒为代表的汉儒在继承了孔孟精神的同时，又将"天人感应"和"君权神授"的观念汇入其中并加以发挥。董仲舒在《春秋繁露》中提出"（王者）受命应天制礼作乐"。更有《白虎通义·礼乐篇》对这种神化的美学观加以附会，以为"八音"乃是效法"八卦"而来的。加上汉武帝崇仙尚神，因而使"天人感应"的神化儒学得以"罢黜百家"，入主"独尊"的正统地位。在班固的《汉书·礼乐志》中，就记录了一些反映"天人感应"及汉武帝崇仙尚神的音乐作品。

小知识

在音律方面，京房（李君明）附会《易》学，在"三分损益"的基础上，继续相生到第六十律，后人称之为"京房六十律"，对"黄钟不能还原"的理论探索，具有积极的意义。

铜鼓是中国西南地区最具特点的金属体奏鸣乐器，因鼓体全部用铜铸造，故此得名。铜鼓的鼓面圆平，鼓身略凸并有两耳，细腰以下连接鼓足。铜鼓的音色因器型大小而各异。古代的铜鼓不仅象征着权利和富贵，而且也经常用于祭祀、战争中。有时候，还会因为行军作战的需要被当成锅来做饭；遇到敌情或其他紧急情况时，又可作为报信的工具。不仅可在战斗中击鼓助威，而且也能够在击败敌人以后擂鼓欢庆。在晋宁石山寨曾经出土过10多具铜鼓，当时还同时出土了一枚"滇王金印"（经考古确定是西汉时期的文物），证明铜鼓在古滇国十分流行。

魏晋南北朝时期

魏晋南北朝时期，由于民族迁徙杂居、文化交流频繁，出现了各民族乐舞的大交流时代。随着西北地区少数民族内迁，大量西域乐舞传入中原，如影响颇大的龟兹（今新疆维吾尔自治区阿克苏地区库车市一带）乐舞，大约是在公元384年传入中原的。由于其欢快的调子、鲜明的节奏，非常适于伴奏舞蹈，深受人们欢迎，因而北周和隋唐时代的许多舞曲都加以采用。此外，其他如天竺（今印度）、高丽（今朝鲜）等地的乐舞，也是在这个时候传入中国的。

南朝的统治者一向崇尚歌舞作乐，他们生活在这大动乱的时代，崇尚清谈，提倡及时行乐，他们养有大批家妓，歌舞艺术成为他们享乐的工具。大量的民间歌舞被宫廷贵族采用，南朝盛行的清商乐，就是汉朝和魏晋南北朝时期流传在汉族地区的传统音乐和舞蹈。随着时代发展，清商乐的内容逐渐扩大，它包括了北方的许多民间歌曲、乐曲和配合舞蹈表演的舞曲、舞歌，如汉代的巴渝舞、公莫舞，三国时吴国江南地区的拂舞、白纻舞，晋朝的明君舞等。

南朝除盛行清商乐外，北方的"胡乐""胡舞"也不断传到南方。陈后主甚至专门派遣宫女到北方去学习箫鼓。这都是南朝、北朝乐舞互相交流的明证。

长久流传的白纻舞

白纻舞是古代著名舞蹈，原为江南民间舞。舞服用质地轻薄的白纻缝制，因而得名。从晋至唐的五六百年间，一直盛行不衰，是酒宴表演中的保留节目。舞者佩戴珠翠饰品，身穿白色长袖舞衣，动作以舞袖为主。时而高举双袖如天鹅飞翔，时而低回婉转，轻移舞步，如推若引，似留且行，乐声节奏渐快，双袖急挥如雪飘，敏捷步态似流波，如流风行云般轻盈飘逸的舞姿，在观众面前掠过。

古人写过许多赞美白纻舞的诗篇，证明此舞在长期的流传中，经过各代舞伎的精心加工雕琢，已成为一个具有高度艺术水平的舞蹈作品。唐代将白纻舞列入《九部乐》《十部乐》的"清商"乐部中，既在宫廷演出，也常在贵族士大夫家宴及民间表演。

狂放超然的音乐时代

魏晋南北朝的文人，始终求索着精神的家园和思想的空间。他们将道家与儒家思想相结合，意图解放精神的困境。以嵇康、阮籍、阮咸、向秀、山涛、王戎和刘伶为代表的"竹林七贤"，将他们的思想困惑以狂放不羁的行为释放出来，以示对司马氏统治的不满情绪。在音乐方面，也出现了以嵇康为代表的寄情于古琴的音乐家和经世古琴音乐作品。

嵇康，字叔夜。备受后人赞叹和关注的不仅仅是他刚正不阿的性格，还有他的两部著作《声无哀乐论》和《琴赋》。由于他得罪了当时的司马氏势力而被处死。嵇康善弹琴，尤其以弹奏《广陵散》而远名四方。阮籍，字嗣宗，陈留尉氏（今河南省开封市）人。阮籍家学深厚，其父阮瑀是"建安七子"之一。阮籍的音乐代表作有《酒狂》，音乐理论著作有《乐论》。琴曲《酒狂》的内容，表现了因对当时的社会不满，故以醉饮佯狂来宣泄不得志的苦闷心情。据《晋书·阮籍传》载，他经常自己驾着马车无目的地乱走，到路的尽头后大哭。

隋唐五代时期

公元581年，隋统一中国，结束了长期战乱的局面。隋文帝为了显示自己统一国家的功绩和国力强盛，于开皇初年（公元581—585年）集中整理了南北朝各族及部分外国乐舞，制订《七部乐》，后来发展成《九部乐》，使宫廷晏乐得到空前发展。

唐代是中华文化蓬勃发展的时期，唐代的舞蹈艺术也得到了高度的发展。唐代宫廷设置的各种乐舞机构，如教坊、梨园、太常寺，集中了大批各民族的民间艺人，使唐代舞蹈、音乐成为吸收异族文化精华的载体，反映出唐朝人自信而又宽怀的恢宏气量。"坐部伎"和"立部伎"这些宫廷晏乐，都是吸收了各民族乐舞而创制的新型乐舞节目，在内容上则都是歌功颂德的。

唐代的乐舞活动也渗透于社会的各阶层，上至宫廷，下至庶民百姓，在节庆和宴饮中，乐舞表演都是不可或缺的。这些在一般宴会中表演的小型舞蹈，按其动作特征和风格，可分为"健舞"和"软舞"。"健舞"是指那些舞蹈动作风格健朗、豪爽的乐舞，著名的有《剑器舞》《柘枝舞》《胡旋舞》等。"软舞"则舞姿优美柔婉，节奏舒缓，著名的有《春莺啭》和《绿腰》。

唐代的舞蹈尚有由乐器演奏、舞蹈和歌唱组成的多段体乐舞套曲——歌舞大曲，如《霓裳羽衣舞》。此外，民间还有一些带故事情节的、有人物角色的歌舞戏，如《踏摇娘》等。

隋唐宫廷宴乐

隋唐宫廷宴乐，用于朝会大典。隋统一全国后，集中整理了南北朝各族及部分外国乐舞，制订《七部乐》：《国伎》；《清商伎》；《高丽伎》；《天竺伎》；《安国伎》；《龟兹伎》；《文康伎》，即《礼毕》。隋大业中（公元 605—608 年），增《康国伎》和《疏勒伎》，同时将《清商伎》列为首部，改《国伎》为《西凉伎》，遂成《九部乐》。

唐初宫廷乐舞继承隋制，《九部乐》保持原貌。公元 637 年废《礼毕》，公元 640 年将歌颂唐朝兴盛的《晏乐》列为首部，公元 642 年唐太宗宴群臣，加奏《高昌伎》，始成《十部乐》。

宫廷设置以上诸乐部的目的，是显示国力强盛，其中两部乐舞，即《晏乐》《清商》，属中原汉族风格，其余八部均以地名、国名为乐部名称，是各具特色的民族民间乐舞。舞者服饰均为美化的民族服装。经过宫廷的整理，有一定的演出制度与规范，所有乐曲及乐工人数、服饰，所用乐器及采用何种歌曲、舞曲等，均有所规定。《七部乐》《九部乐》《十部乐》兼有礼仪性、艺术性，并且有一定的欣赏价值，是中国历史上颇负盛名的宫廷晏乐。

元明清时期

1271 年，元世祖忽必烈建立元朝，以蒙古族为主体。蒙古族是一个能歌善舞的民族，而且笃信佛教，他们的舞蹈因而带有鲜明的民族特色和宗教色彩，如名舞《十六天魔舞》。

在明、清两代，舞蹈作为独立的表演艺术，有逐渐衰落的趋势，社会上很少有专业的舞蹈表演团体和舞蹈艺人。但是，作为节庆时群众娱乐活动的民间歌舞，却呈现繁荣的局面，表演者多数是业余的民间艺人。

单纯的舞蹈表演艺术步入衰落，其原因一方面是维护礼教的理学盛行，严重束缚了人们的思想，妇女已不能参加民间舞蹈活动，舞蹈中的女角大多由男子来扮演，阻碍了舞蹈这种直抒胸臆的艺术的发展；另一方面，统治阶级不重视舞蹈艺术，舞蹈活动仅限于民间娱乐性质，没有专业舞蹈团体来提高和发展它。

此外，戏曲进入全盛时代，社会文化和民众欣赏习惯出现改变，人们更爱看直接描写生活、表演手法通俗易懂的戏曲。舞蹈亦逐渐融入戏曲，成为戏曲表演的重要组成部分，并形成一套较完整的训练方法和表演体系。在明清戏曲剧目中，保存了相当丰富、优秀的舞蹈遗产。

7. 西方舞蹈的历史

在西方，传承着西方审美规范的舞蹈有欧洲宫廷的芭蕾舞和各个地方的民族土风舞；西方现代舞的出现其实是对西方本身传统芭蕾审美的反思和叛逆。20世纪70年代，德国现代舞编导家皮娜·鲍什一跃成为世界现代舞蹈剧场的先锋与核心人物。

原始时期

西方原始时期的舞蹈，大体有娱乐与祭祀两大类，以娱乐为目的的西方原始舞蹈，又可分为无意识形态的劳力型舞蹈（以锡兰维达族舞蹈为代表），以及有娱乐互动的舞蹈（以安达曼族舞蹈为代表）。

西方原始时期的舞蹈，舞蹈动作方面运用了大量的转圈、托举、跳跃、踏步、顿脚、四肢摆动、击拍等姿势。古老的西方民族舞蹈天赋的高低各有不同，其中了解动物的民族舞蹈动作明显丰富，并常有模拟动物的舞姿形式；不了解动物的民族其舞蹈动作较少，并且对舞蹈的兴趣也相对较弱。

环境对舞者的影响往往是迥然不同的两个结果，锡兰维达族舞者在舞蹈之后，显现精疲力竭状；而安达曼族通过舞蹈，达到极度喜悦的状态，感动了自己也感染着观者。

锡兰维达族的古老舞蹈由数位男舞者组成，舞蹈为沿着一支插在地里的箭杆绕圈跳舞，在整个绕圈的过程中，各舞者之间相互不接触。

"左右转、低头抬头"是锡兰维达族这种古老舞步的基本动作之一，舞者在保持上述所说的以一支插在地里的箭杆为中心绕圈时，同期以自我为小中心左转圈或右转圈，即一个是公转，一个是自转。此组舞步舞动时，不需要所有舞者的统一标准性，即经常是一位舞者在左转时，一位舞者在右转，并各自配上随性的低头与抬头姿势，整个场景是有的人已低头了，有的还在弯背中……

"单脚跳、双脚跳、拍腹部"是锡兰维达族这种古老舞步的另一基本动作之一，舞者在保持绕圈公转的同时，完成自身自转的动作。

自转时，时而单脚跳，时而双脚跳，并在即将落地或者刚落地时，用手拍击腹部，发出类似于鼓点的节奏。

"平卧、号叫、颤动"是锡兰维达族这种古老舞蹈的结束环节，在不停公转、自转中的舞者，在跳得筋疲力尽后，一个个相继倒在地上，接着他们以平卧的姿势，发出伴着喘气声的号叫，同时伴随着四肢的颤动，然后突然间所有的舞者一下子站起来，舞蹈就宣告结束。

这种原始古老的舞蹈，舞者在舞动中兴奋度不断加剧，汗流全身，特别是卧在地上那一段抖动，加上没有节奏的号叫声此起彼伏，令观者于激动和紧张中汗流浃背。

安达曼族的舞蹈，以挥手、拍手与顿脚伴奏，舞姿随性，舞者可以从任何方向选择他喜欢的任何动作进行表演，但需要严格合着音乐的节奏。

在和谐与呼应色彩的以"挥手、拍手和顿脚"的节奏中，安达曼族舞者出自本意地在自身表演的基本舞蹈动作中增添着小花样，如两臂向其他舞者挥手，或者突然停下一会儿，等等。

宫廷舞蹈

在西方，宫廷舞蹈有着不同的风格特色。出现于 *15 ～ 16* 世纪文艺复兴全盛时期的芭蕾舞，最早是在意大利的宫廷宴会上进行的。王公贵族竞相把艺术作为炫耀自己的权势与扩大政治影响的工具和手段，芭蕾舞就是在这样的一个历史背景下，在古朴的民间舞基础上，从一种游戏性质的舞蹈开始在意大利宫廷中逐渐形成一种具有确定风格、舞步与技巧的艺术形式。随着意大利贵族与法国宫廷的通婚，意大利芭蕾舞被带入法国。在规模上，芭蕾舞没有唐乐舞的宏大，其群舞大多用来表现时代特点、民族习俗，以及交待故事环境、营造意境等，不存在政治目的，却有着极强的娱乐性。高难度的技巧通常在独舞、双人舞中体现，音乐多为慢板，引用 pas de deux 结构，即由双人舞、男独舞、女独舞、结尾双人舞 4 部分组成，主要展示表演者的高难度技巧与个人风格。芭蕾舞是通过表演者的肢体和造型来表达感情的，无论独舞还是双人舞，都要求舞姿的完整性、动作的延续性。而音乐旋律的起伏大多表现情节色彩与人物心情。例如，《天鹅湖》第二幕达到了舞蹈诗的高峰，成为交响化舞蹈的范例。

另外，芭蕾舞的艺术特征是表现的虚拟性，更多地采用幻觉、梦境、意象化的手法。这些大多依靠舞台、布景、灯光、服装等道具起作用。而唐乐舞大多用华丽的服装与多彩的音乐、节奏代替，如白纻舞中以舞袖和腰身动作见长。有诗描绘"翩如兰苕翠，婉如游龙举。低回莲破浪，凌乱雪萦风"。可见，这种营造意境的手法与西方芭蕾舞有着本质的区别。值得一提的是，芭蕾音乐的多样性远大于中国唐代宫廷舞乐，在《天鹅湖》第三幕中的西班牙舞、匈牙利舞、那不勒斯舞、马祖卡舞等，既配合了剧情发展又展示了丰富的民族舞蹈。

由此，从中西宫廷歌舞比较看，它们有着共同点：都来自民间，发源于民间歌舞。也有不同点。第一，西方宫廷舞蹈是起源于游戏和娱乐的，源头明确；中国唐代宫廷乐舞则是多源性的，由于自南北朝时期南北文化的交融与统一，唐代宫廷乐舞有着多民族性，比较复杂。第二，西方宫廷舞蹈带有浓厚的神话色彩，神秘的、幻想的、开放性的基因较多；中国歌舞的起源，大部分的歌舞都是现实人的娱乐性活动，因此现实性、技艺性、含蓄性的基因多。第三，西方宫廷舞蹈从歌舞逐渐演变为故事表演；中国歌舞则是通过各民族文化的汇合、交织而形成的。中西歌舞起源的共同之处，反映了世界中西音乐发端的一些共同的规律，而不同之处，又让人们看到中西音乐在渊源和发展上的差异。

现代舞蹈

20 世纪初，在西方兴起了一种与古典芭蕾相对立的舞蹈派别，它的最鲜明特点是反映现代西方社会矛盾和人们的心理特征，故称为"现代舞"，亦称为"当代舞蹈""新兴舞蹈""现代派舞蹈"等。但评论家认为，这些名称都不大确切。因为现代舞不是一种固定的舞蹈形式，它的特征不仅表现在创作方法上，也不只是训练体系的不同，它强调发挥艺术的个人特色，不存在普遍规律，每个艺术家都可以创造自己的"法典"。现代舞习惯上是所有这些流派的总称，但它却不能概括各种流派的全貌。

从历史上看，早期现代舞属于浪漫主义的产物。作为文艺思潮的浪漫主义，是反对法国 *17* 世纪古典主义的文艺教条而兴起的文艺运动。*18* 世纪，新兴资产阶级的力量开始壮大，便要求有为资产阶级服务的新型文艺。到了 *19* 世纪，浪漫主义思潮已经形成，主张摆脱古典形式主义的约束、崇尚创新、强调艺术家的主观感情的文艺思潮遍及西方。现代舞的创始人伊莎多拉·邓肯站出来反对古典芭蕾，这是浪漫主义精神在舞蹈领域中的一种表现。

19 世纪末，欧洲的古典芭蕾，由于越来越偏离思想内容，单纯追求形式和技巧。当时，不仅舞蹈革新家认为古典芭蕾成了舞蹈发展的障碍，而且芭蕾本身的革新家亦认为有改革的必要。邓肯的自由舞蹈正是在这个最需要改革的时候出现的，所以她的影响很快就遍及

欧洲。

邓肯的舞蹈在当时之所以能成为革命的舞蹈，首先是因为她的舞蹈崇尚自然。浪漫主义运动中有一个"回到自然"的口号，这个口号是对现代城市腐朽文化的诅咒和对大自然的歌颂，这成为浪漫主义文艺的一个特点。崇拜自然在当时还是一种新风气，邓肯的舞蹈思想是在这种风气影响下形成的。她抛掉芭蕾舞鞋，脱去紧裹着身体的芭蕾舞衣，赤足光腿，用自己的艺术实践创造了一种自由舞蹈的形式，为现代的新型舞蹈探索出一条新路。

邓肯虽然给现代舞蹈赋予了自由解放的精神并努力实践她的"肉体的动作必须发展为灵魂的自然语言"的舞蹈理论，但这种新的舞蹈形式还没有任何动作规律，所谓"自然的动作"，只是意味着没有拘束的动作。邓肯教学生跳舞也缺乏系统性的动作体系和规定的舞步。这个不足后来在瑞士音乐教育家埃米尔·雅克-达尔克罗兹始创了"体态律动"训练体系和鲁道夫·拉班建立了现代舞的理论之后才得到了弥补。

现代舞始源于邓肯，拉班又进一步发展了它，并且在现代舞的理论建设方面做出了重大贡献。他有许多理论著作，在舞蹈动作方面全面地探讨人的身心活动规律，包括肌肉的松弛和收紧、动作的协调等。在舞台表演方面，有著名的舞蹈空间等理论。这些理论与实践，对现代舞起了奠基作用。拉班的学生玛丽·魏格曼又把拉班的理论和法则通过实践变成舞蹈作品，使现代舞理论更加具体化，对于世界各国舞蹈事业的发展起了极其巨大的促进作用。

以拉班为中心的这一派现代舞，被称为"表现主义现代舞"。表现主义现代舞和其他表现主义的艺术主张一样，宣扬感觉第一，把直觉看成是认识世界的唯一方法。魏格曼是表现主义舞蹈的代表者，她的舞蹈还有一个突出的特点，就是企图切断舞蹈从属于音乐的关系，使舞蹈作为一种艺术而独立存在。她说，首先必须从传统枷锁中将现代舞蹈解放出来，在解放的同时对音乐的独裁也进行反抗，因此才变成了自由自主的舞蹈。因此，表现派所谓在舞蹈上探索的新途径就是取消音乐对舞蹈的作用，确立没有音乐的舞蹈。

现代舞在美国和德国发展得最为兴旺，前一时期，德国现代舞发展迅速。第二次世界大战期间，纳粹势力抬头，德国现代舞很快就走向衰微。现代舞的活动中心转向了美国，美国没有自己的舞蹈传统，所以现代舞就成了它本土的舞蹈文化而受到重视。但现代舞在美国的发展过程是曲折的，邓肯、露丝·圣丹妮丝等现代舞先驱都是美国人，但她们不是在美国而是在欧洲获得其成就。美国的现代舞是受欧洲的影响产生的，直到 1909 年，圣丹妮丝享有盛誉返国，才敲开美国现代舞的大门。

圣丹妮丝对现代舞的贡献，主要是对东方舞蹈形式的运用。她广泛注重埃及、希腊、印度、阿拉伯和泰国等国舞蹈的风俗特点，企图以东方舞蹈形式来传达人类精神信息，因此形成一种具有东方特色的现代舞。她著名的作品《罗陀》，第一次演出就轰动了整个西方。她的舞蹈也不只限于东方舞，在她大批的作品里面，也有不带民族色彩的抒情舞蹈。她和泰德·肖恩结婚后的 15 年中还合作创办了一个丹妮丝 - 肖恩舞蹈学校，成为学生接受新舞蹈的摇篮。其中，玛莎·葛兰姆、多丽丝·韩芙丽、查尔斯·韦德曼等后来都成为美国现代舞的杰出代表。

到了韩芙丽和葛兰姆这一代，是美国现代舞发展史上一个很重要的转折点。特别是葛兰姆，她的名字几乎成了现代舞的代号。但是，她们虽然是圣丹妮丝培养出来的学生，却并不是圣丹妮丝舞蹈的继承者，而是以叛逆者的身份各走自己的道路。韩芙丽认为，圣丹妮丝那种异国情调的舞蹈不能体现美国人的精神实质。她认为，既然美国没有基本民族舞蹈可供发挥，那么就只有不以民族舞蹈为根基而去重新创造一种舞蹈形式。因此，她根据人体动作的基本原理设立了她自己的技术理论和方法，那就是在"跌倒和复起""平衡与不平衡"之间构成的动作规律。她认为，这既包含着人类动作的全部范围，又是一切戏剧性效果的根源，这种冲突就存在于这些动作之中。韩芙丽的许多作品，就是对存在于人类中间的冲突进行的探索。她的作品大都采用象征主义手法，别具一格。

　　如果说韩芙丽是从外部形式上去反对圣丹妮丝的舞蹈，那么葛兰姆则是在揭示人类内心阴暗面上去反对圣丹妮丝的艺术主张了。因此，她的舞蹈强调"内省"心理，有"心理舞派"之称。她强调舞蹈家应"以身体形象客观地表现自我信念""舞蹈应该剥开那些掩盖着人类行为的外衣""揭露出一个内在的人"。她早期创作的《心穴》，借一个古老的传说，表现"死亡和毁灭是妒忌之火焚烧后留下的灰烬"。她在表演《悲悼》这个作品时，给人看到的人的形象是痛苦地蜷缩成一团的，焦虑、痛苦造成身体的抽动和扭曲，这就是她所谓的"心灵的图解"；而这种"痛苦的心灵"，亦不是表现一个具体的事实，而是表示人类所有的悲悼。"葛兰姆技巧"的中心是呼吸。她研究了人体在呼和吸之间的变化，从这种研究出发，发展了"收紧和放松"的动作原理，认为舞蹈家可以用呼吸推动身体旋转、跳跃、跌倒等技术，也可用以表示痛苦、恐怖、狂喜以至剧烈到痉挛的感情。这对现代舞的训练无疑是一种有益的探索。她早期作品所表现的阴暗和憔悴曾引起人们的争议，但她始终是美国享有盛誉的艺术家。

20世纪30年代是个动荡的时代，经济危机和第二次世界大战即将来临的险恶形势，给当时的艺术家以很大的震动。加上在现代主义哲学、现代心理学的影响下，形成一股现代主义的艺术思潮，使现代舞艺术家都认为用传统的真善美观念是不能解释人类的现代经验的，因此纷纷举起反叛传统的旗帜。圣丹妮丝的舞蹈，美得像个女神，并且带着基督教清教徒思想和世俗文化相结合的浪漫主义风格，这对当时现代主义思潮已经广泛流行的美国，显然是不合时宜的。在这种形势下孕育出与圣丹妮丝相对立的舞蹈思想是必然的。

现代舞强调创造性，因此就激励舞蹈家纷纷离开自己原有的团体，各自独立地去探索现代舞的新途径。韩芙丽和葛兰姆离开圣丹妮丝、肖恩，而她们的学生同样又离开了她们。原韩芙丽-韦德曼舞团演员荷西·李蒙为了实践他对自己的墨西哥印第安人的民族传统风格的尝试，宣布脱离韩芙丽而独立组团。肖恩的现代舞结合戏剧传统形式，根据《奥赛罗》故事创作的《摩尔人的孔雀舞》，取得了很大的成就。出自葛兰姆门下的梅尔塞·坎宁安，因艺术见解不同，也离开了葛兰姆。

坎宁安是新先锋派的代表，所谓"新先锋"，意思是开创前人没有走过的艺术道路。如果说葛兰姆的艺术主张是反对舞蹈上传统的审美观念，那么坎宁安反对的则是人们一贯认为"舞蹈动作必须有含义"这一基本要求。他说："我的舞蹈艺术是没有包含什么想法的""我从来不要一个舞蹈演员去想某个动作意味着什么，这正是我为什么不喜欢和葛兰姆一起工作的原因。"坎宁安的艺术方法是追求"偶得动作"。

所谓"偶得"，就是没有事先设计，亦没有动作安排，只要偶然物色到一个动作，他就"让每个舞蹈演员的个人特点无所畏惧地、无所隐讳地、有力地表现出来""任何动作都可以成为舞蹈的一部分"。坎宁安之所以主张这种偶得的成分，是因为他认为人类生活常被习惯所束缚，如果在编舞中使用偶得成分，就有可能发现人类最本能而又最吸引人的动作方式。他认为，只要舞蹈者在舞蹈，那便是一切，如果你希望有什么含义，那就是什么含义。因此，一些评论家把他的舞蹈称为"抽象舞蹈"。

在新先锋派舞蹈中，艾文·尼可莱斯的艺术主张与坎宁安不同，他提倡非人化舞蹈。这是一种抽象的、混合着复杂手段的表现方式。他认为，创作抽象化的舞蹈时，人体姿态和人体动作的变换会成为障碍，所以就别具匠心地给演员穿上蔽体的宽衣长袍，或特制一种塑料道具模物不见人的舞蹈作品，创作者并不认为是取消了人性，而只不过是排除了个性，使作品不受人体的局限性的束缚，从而更有条件去扩大舞蹈家探索人生的视野。

自20世纪60年代开始，新先锋派舞蹈又进一步发展到可以在任何形式的空间表演，包括教堂、体育馆，以至街道和公园。用这些场地进行舞蹈表演亦是现代舞的一种艺术探索。特怀拉·萨普有一次创作了一个舞蹈叫《集成曲》，于黄昏时在纽约的中心公园演出。40名怪异的舞蹈演员散布在草地上，他们都跳着共同的舞步。在舞蹈的结尾，所有演员都把动作放慢，在黄昏的朦胧光线下，在场的观众感到似乎正处身于一个雕塑的花园，这些雕塑在魔幻般地苏醒过来。当代年轻的现代舞蹈家对演出环境更倾向于标新立异，他们的作品中有专门为草地、空地以至一些特殊环境而创作的。

现代芭蕾亦是现代舞当中的流派之一。它是介乎现代舞和古典芭蕾之间的一种形式，在观念上是现代舞，但技巧上还是芭蕾。现代芭蕾最早的代表者是约斯，她原来是拉班的学生与合作者。她当过芭蕾演员，因此她实践把两者结合是有基础的。她主持过的约斯芭蕾舞团就是属于现代芭蕾性质的舞蹈团。1932 年上演的《绿桌》，是揭露战争贩子幕后活动和描写战争恐怖的舞剧，获得了很大的成功。约斯芭蕾舞团解散后，欧洲曾有为数众多的现代芭蕾团体组织起来，但在艺术上没有多大成果。与此相反，美国的现代芭蕾蓬勃发展，出现了像乔治巴兰钦与杰罗姆·罗宾斯等杰出的编导艺术家和演员。产生出不少优秀作品，预计这一艺术派别还会有更大的发展。

现代舞的艺术现象是复杂的，坎宁安 1979 年的作品《现场》中的各派都有自己的探索和追求。其中出现的所谓表现主义、象征主义、心理派和抽象派等，都是和现代主义相适应的流派。它们有一个共同的特征，就是反对传统观念在艺术上的统治，以传统的叛逆自居。他们曾先是对传统的写实主义提出挑战，在现代派的舞蹈家看来，写实主义方法已经在很大程度上把世界和人的复杂关系简单化了。因此，在探索突破传统表现方式的同时，传统的时间次序（开始、中间、结束）和空间观念（远近）被打破了；那种比例感和尺度感联结在一起的秩序概念亦被推翻了，而代之以一种按自由联想重新组织的时间感和空间感。他们对动作规范也感到厌倦，而代之以一种人的随意动作。

总之，现代舞总是保持着它的活跃、易变的特性。过去，现代舞和芭蕾曾一度处于水火不容的境地，现在则能互相吸收，而且许多舞蹈家还兼通这两种舞蹈。一些评论家认为，现代舞的风格今后还会不断变化、发展。作为一种文艺现象，现代舞近年来也引起了中国舞蹈界的注意，对现代舞的研究也正在开始。

西学东渐

对西方舞蹈的正面吸收上，裕容龄是走出去的。而同时，西方舞蹈也开始通过各种渠道向中国社会传播。

留洋海外的学生和出使各国的清廷官员在数量上日渐增多，各种由这些人撰写的出版物也渐渐多了起来。大量描写了19世纪盛行于欧美的交际舞、芭蕾舞、外国民间舞，以及穿插在马戏表演中的各种舞蹈场面等新奇的舞蹈形式。例如，有一套名叫《星绍笔记》的丛书，里面就有不少关于国外的记载。

"走向本土"与"国际接轨"

"走向本土"与"国际接轨"是被当下现代舞蹈家挂在嘴边上的两个口号。就其总体意义而言，前者是寻求外来文化"民族化"的一种努力，后者是民族文化"世界化"的一种追求。毫无疑问，两者方向的正确性都无可厚非。就其特定意义而言，这两句口号折射着东方的现代舞者期待被认同的心态，前者在于希望得到国人的认同，后者在于期待世界的认同。从某种角度来说，或许出于走出本土文化困境的急切心情，或许国际认同更具有权威性，对接踵而来的本土认同更具有说服力，"与国际接轨"成为东方现代舞者更心仪的目标。但值得我们注意的是，在这种"心仪"之后悄悄发生的立足点的偏移，恰恰容易使我们背离现代艺术创造的初衷。

问题绝不在于"与国际接轨"将艺术创造的标尺瞄准当今世界文化发展的制高点，而在于以西方文化为中心的现代世界文化格局往往使我们的价值尺度依然指向西方。这样，与国际接轨所采用的价值判断的尺度不在东方文化而在于他者文化。在被他者文化与审美判断选择下的与国际接轨的东方艺术，尤其是为了"走向世界"而迎合他者文化与审美判断的东方艺术，很难说其中有多少东方民族文化独立的品格。

身体的语言作为人类最早的语言形态，是对生命进行诗意的表达，舞蹈作为人类最早的艺术形态的本质在于对生命的发展做出贡献。因此，一些伟大的艺术创造往往不是诞生于艺术家刻意追赶时尚之中，而诞生于艺术家不失时机地对如何解决民族的生命的思考之中，当代东西方现代舞蹈家的重大成就亦产生于此。

20 世纪 20 年代末，美国和欧洲经济处于大萧条时期，形势复杂和严峻，面对这样一个变化的世界，美国现代舞的奠基人玛莎·葛兰姆认为，她的艺术不可能像前辈艺术家那样去做一朵花、去成一片浪，或像古典芭蕾那样关心美的线条，她的舞蹈是要使人体成为能量发动机，表现人类有机的行为。葛兰姆以伴随着呼吸的强有力的腹部收缩和脊椎伸展，揭示人的欲望的人性的内在风景。

20 世纪 70 年代，德国现代舞蹈家皮娜·鲍什一跃成为世界现代舞蹈剧场的先锋与核心人物，她那破碎、压抑并充满暴力的舞蹈剧场，或使观众一头雾水，或使观众趋之若鹜，但她受到人们仰视的绝不是表面的破碎、压抑和暴力的形式，而是在这之后所呈现的战后德国人精神的状态和两性之间或人与人之间互动关系的本质，以及建立在其上的对德国现代文化的深刻反思。鲍什艺术的价值在于她负荷了整个战后德国人精神的破碎和沉重。

20 世纪，西方现代舞蹈艺术对东方文化的影响一直是单方面的，然而在 20 世纪 70 年代，日本现代舞蹈则一反常态地将其影响向西方回流。日本现代舞蹈震撼和影响欧美剧场的不在于它那黑暗、畸形和死亡之美的形式，而在于日本舞蹈家对日本战后文化的深入反思——尤其是对广岛原子弹爆炸后精神肉体的畸形发展的揭示，对不断制造垃圾的现代工业文明的本质的揭露。

因此，我们是否可以说，艺术的先锋性和艺术的国际定位都不仅仅在于艺术家刻意追求的形式，而在于在这种刻意追求的形式之中的生命与情感的内涵，尤其是对于本民族生存状态的反映和对其现存问题的思考与解决。所谓只有民族的才是世界的，属于世界的往往是民族最好的，这一观点的价值不在于它对民族文化本身的强调，而在于它指出民族文化中那些解决特定民族生存问题的成功经验具有人性的普遍意义。

由此，在东西方文化的交汇中，我们应关注的是东方的接受而非西方的影响；我们首先要解决的是本土定位而非与"国际接轨"。当我们把艺术的触角切入民族生存最敏感的神经，我们的艺术才会具有冲击力与震撼力，我们只有背靠着民族文化的、哲学的和美学的坚实基石，我们的现代艺术无论批判还是建构，才会有文化的广度、美学的高度及哲学的深度，我们的艺术的本土定位才能成为现实。而当我们成功地解决本民族生命生存中的艺术方式对他民族提供了经验之时，东方民族艺术的国际定位亦成为不争的事实。

"现代派"与"现代性"

"现代舞"亦是我们争论了一个世纪之久的概念。这个问题直接关系着我们前行的方向。虽说对现代舞的认识众说纷纭，但从表象上总括起来其基本特点主要与以下几方面概念相连：一是与过去时所对应的现在时的时间概念相连；二是与传统相对应的现代发展的历史概念相连；三是与现实主义相对应的现代主义美学概念相连；四是和古典芭蕾相对应的风格类别的概念相连。可是，有人却狭隘地把东方的现代舞看成是西方舶来的一个现代派舞蹈流派，或仅把它界定为与芭蕾舞相区别的一个舞种风格，其结果是从本质上忽略了现代舞是一场实现舞蹈艺术从传统向现代转换的艺术革命和艺术运动，从而未注意到现代舞蹈家对"现代舞"的"现代性"的体认与强调。即便西方现代舞蹈家本身亦不强调"现代派"的派别，而强调现代舞是一种观点，一种对当代世界中艺术功能的态度（塞尔玛·珍妮·科恩语）。把现代舞理解为一种心态，一种对舞蹈艺术与时代同步的必要性的认识（荷西·李蒙语）。因此，淡出"现代派"，强化"现代性"是在文化融合与文化借鉴中，东方舞蹈家解决文化冲突问题的一个思想方法的关键，亦是使现代舞蹈文化牢牢地建构在本民族的文化基石之上的关键。

所谓"现代派"，是一个西方现代文化艺术发展到20世纪的特定的文化现象和文化概念，可以说，它是形形色色的标榜反传统的文学艺术家的总称，它是对以现实主义为代表的理性主义的传统美学的一次彻底的反向运动。而"现代性"则应是指现代人最深刻的本质，它即为现代思辨所揭示的灵魂深处的奥秘，是那种超越自身，无限发展的精神。在这种精神引领下建构起来的具有"现代性"的舞蹈艺术一是具有现时代的独创性，二是具有现时代的经典性。如果这两者均属于一切优秀艺术品的标志的话，那么对于现代舞而言，它还具有和一切传统艺术相区别的"实验性"——为艺术与为生命的发展寻求更多的可能性而做出的超出传统价值判断的种种探索。因此，作为一个现代舞者，不仅应该具有批判旧传统中的僵化成分的勇气，亦应具有超越旧传统建设新文化的能力。因为，只具有破坏力而缺少建设性的艺术行为较少具有说服力。另外，现代舞者还应具有坚强的神经，去迎接旧习俗的攻击与挑战，承受失败和环境的重压，并且以健康的心态，不急功近利，不媚权媚俗，不取媚西方。因为，现代舞的艺术尺度永远存在于它作为一个民族的历史与现实的特定的文化"角色"之中，永远存在于一个民族的现代审美理想之中。此外，整个社会应对现代舞蹈的"探索性"与"实验性"具有足够的认识与理解，并对其敞开更宽广的怀抱。注意不要教条地以传统与主流艺术的标准来要求与规范它们，防止在这种要求和规范之中使这种探索与实验精神萎缩，而这种探索与实验精神萎缩所带来的不是作为现代舞一种舞蹈风格种类发展的滞缓，而可能将是一个民族舞蹈文化发展的新的可能性的丧失。因为，这是传统艺术与现代艺术在现时代的角色定位与功能差异所导致的。前者代表着一个时代和民族已认同的价值标准与审美尺度，它以一种艺术的和谐维护着社会的稳定与安定。而现代艺术则代表着对传统秩序的一种突破力量，对旧有文化中不适应时代发展的部分提出质疑，以一种新的可能性取而代之，试图将艺术推向前进。

关于现代艺术的标准，有学者曾提问：大众的口味，官方的尺度，专家的判断，学院派的规范，到底哪一个是艺术的最高尺度呢？并且现代舞、古典舞、民间舞到底哪一种更重要呢？本书引用约翰·罗素的话作答：作为真正的艺术，是何种类都不重要，在伟大的艺术家看来，所有艺术标榜的标签都是可笑和无聊的，真正的艺术家总是沉潜到他的艺术生命的底层，去开拓全新的生命意义和真正的艺术瑰宝。

并且，如果我们坚持用时代精神、民族精神与艺术精神建构我们本土的现代舞蹈艺术,东方现代舞蹈文化摆脱东西方文化的冲突走向融合,并在全球化的世纪里使自己的舞蹈艺术纳入世界民族舞蹈文化的轨道一定会成为历史的必然。

第二节 舞蹈基本常识

1. 舞蹈的要求

舞蹈是一个综合的艺术反映。它有三方面的要求：动作、节奏、表情。

动作

动作是舞蹈最基本的表现手段，通过变化的动作，形象、直观地表现出所要诉说的内容。有夸张的形体动作表现，也有现实的形体动作表现；有高难动作，也有简单而又朴实的动作。其精髓在于不时的变化。

节奏

节奏是舞蹈艺术的灵魂。对爱的倾诉、对恶的鞭挞无不在节奏的变化中表现得淋漓尽致。节奏强烈地调动着演员的速度、力度和气度，使之恰到好处地完善整个起伏的情节。节奏是整个舞蹈动作安排的主旋律。

表情

表情在舞蹈中是内在情感的具体体现，是舞蹈的动力所在。人的情感变化指挥着形体动作的起伏，而舞蹈艺术的情感并非明显地以面部来实现的，更多的是以外在的动作变化来表露。

舞蹈的三要素既有它们的相对独立性，又有不可分割的互补性和融合性。三要素的有机完美结合，才会形成舞蹈的美的享受。

2. 舞蹈的特性

艺术是人类审美活动的大家族，它的成员有文学、美术、音乐、舞蹈、戏剧、电影、曲艺、杂技等。各个门类的艺术都是反映社会生活和表现人们思想感情的，但是艺术的反映和表现不是一般的概念的抽象的反映和表现，而是个别的具体的形象和审美的反映和表观。所谓审美的反映和表现、就是艺术家根据自己的审美情趣、审美理想，对社会生活进行选择、概括、加工，并根据艺术的特点和规律予以创造性的反映和表观。

在社会的历史发展中，人们创造了各种艺术形式，这些艺术形式的主要区别就是各有其独自的物质载体和不同的艺术表现手段。文学的物质载体是语言、文字；美术的物质载体是纸张、画布、颜料、油彩，它的主要表现手段是色彩、线条、构图和造型；音乐的物质载体是声音；戏剧的物质载体是人们在舞台上的行动（表演活动），除舞剧外，主要以语言、歌唱和动作为主要表现手段；电影的物质载体是人们的表演，通过科学技术的方法将其摄制在胶片上，用电光在银幕上放映出来；曲艺的物质载体是一至三人在舞台上的表演，其主要表现手段是说和唱。杂技和舞蹈有着共同的物质载体——人的身体是其主要的艺术表现工具，多数杂技品种和舞蹈一样，以人体的动作、姿态造型和构图变化为主要表现手段。杂技也是一种表演艺术，演员也塑造一定的角色，但是它不像舞蹈那样着重表现人物情感的发展过程，一般不具有情节事件，而是通过高难度的技巧表演，表现出一种概括性的勇敢、坚毅、智慧的品格力量。因此，杂技具有更多的观赏性和

娱乐性。舞蹈作品中的舞蹈动作也要具有一定的技艺性，舞蹈演员要具备跳跃、旋转、翻腾、柔软、控制等高难度的技巧能力，但是在舞蹈作品中，表演高难度的技巧动作本身不是目的，而是一种表现人物思想感情、塑造人物性格和精神面貌的一种手段。如果在舞蹈作品中，以手段为目的，演员高超的技艺不以反映生活、表现人物的思想感情为其存在的前提，或是不以舞蹈内容出发采选取相应的舞蹈动作技巧，而是以展示演员所掌握的舞蹈技巧能力出发，那就会使舞蹈作品由于内容和形式的脱节，或是缺乏艺术的完整性，而陷于失败，舞蹈演员的技艺本身也就沦入了杂技性的技巧表演，而丧失了舞蹈艺术的基本品格。

3. 舞蹈的种类

艺术是由各个不同的艺术品种所组成的。作为艺术之一的舞蹈，

同样是一个非常广阔的天地，它也是由各个不同种类、不同样式、不同风格的舞蹈所组成的。根据舞蹈的作用和目的，舞蹈可分为生活舞蹈和艺术舞蹈两大类。生活舞蹈是人们为自己的生活需要而进行的舞蹈活动；艺术舞蹈则是为了表演给观众欣赏的舞蹈。

生活舞蹈包括：习俗舞蹈、社交舞蹈、自娱舞蹈、体育舞蹈、教育舞蹈等。

习俗舞蹈，又可称为"节庆舞蹈""仪式舞蹈"，是我国许多民族在婚配、丧葬、种植、收获及其他一些喜庆节日所举行的各种群众性的舞蹈活动。在这些舞蹈活动中，表现了各个民族的风俗习惯、社会风貌、文化传统和民族性格特征。

社交舞蹈，是人们进行社会交往、增进友谊、联络感情的舞蹈活动。一般多指在舞会中跳的各种交际舞。另外，我国许多少数民族在各种节日所进行的群众性的舞蹈活动，多是青年男女进行社会交往、自由选择配偶的社交活动，因此也可以说是各民族的社交舞蹈。

自娱舞蹈，是人们以自娱自乐为唯一目的的舞蹈活动。用舞蹈来抒发和宣泄自己内在的情感冲动，从而获得审美愉悦的充分满足。

体育舞蹈，是舞蹈和体育相结合，以艺术审美的方式锻炼身体，使身心全面健康发展的舞蹈新品种，如各种健身舞、韵律操、中老年迪斯科、冰上舞蹈、水上舞蹈、街舞，以及我国传统武术中的舞剑、舞刀和象征模拟各种动物、特定形象的象形拳、五禽戏等。

教育舞蹈，是指学校、幼儿园等进行审美教育的舞蹈活动，以及开设的舞蹈课程，对于陶冶和美化人的思想感情、道德情操，培养人团结友爱、加强礼仪，以及增进身心健康，都能起到潜移默化的作用。

艺术舞蹈，是指由专业或业余舞蹈家，通过对社会生活的观察、体验、分析、集中、概括和想象，进行艺术的创造，从而创作出主题思想鲜明、情感丰富、形式完整、具有典型化的艺术形象，由少数人在舞台或广场表演给广大群众观赏的舞蹈作品。由于艺术舞蹈品种繁多，根据各个不同的艺术特点、大致可分为两类。

第一类，根据舞蹈的不同风格特点来区分，有：古典舞蹈、民间舞蹈、现代舞蹈、当代舞蹈和芭蕾舞。

古典舞蹈是在民族民间舞蹈基础上，经过历代专业工作者提炼、整理、加工创造，并经过较长期艺术实践的检验流传下来的，被认为是具有一定典范意义和古典风格特点的舞蹈。世界上许多国家和民族都有各具独特风格的古典舞蹈，欧洲的古典舞蹈一般都泛指芭蕾舞。

民间舞蹈是由广大人民群众在长期历史进程中集体创造，不断积累、发展而形成的，并在群众中广泛流传的一种舞蹈形式。它直接反映人民群众的思想感情、理想和愿望。由于各国家、各民族、各地区人民的生活劳动方式、历史文化心态、风俗习惯，以及自然环境的差异，因而形成了不同的民族风格和地方特色。

现代舞蹈是 19 世纪末和 20 世纪初在欧美兴起的一种舞蹈流派。其主要美学观点是反对当时古典芭蕾舞的因循守旧、脱离现实生活和单纯追求技巧的形式主义倾向；主张摆脱古典芭蕾舞过于僵化的动作程式的束缚，以合乎自然运动法则的舞蹈动作，自由地抒发人的真实情感，强调舞蹈艺术要反映现代社会生活。

当代舞蹈（新创作舞蹈）即不同于上述三种风格的新风格的舞蹈，它常常是根据表现内容和塑造人物的需要，不拘一格，借鉴和吸收各舞蹈流派的各种风格、各种舞蹈表现手段方法，兼收并蓄，为我所用，从而创作出不同于已经形成的各种舞蹈风格的具有独特新风格的舞蹈。

芭蕾舞是一种经过宫廷的职业舞蹈家提炼加工、高度程式化的剧场舞蹈。"芭蕾"这个词本是法语 ballet 的音译，意为"跳"，或"跳舞"，其最初的意思只是以腿、脚为运动部位的动作总称。法国宫廷的舞蹈大师为了重建古希腊融诗歌、音乐和舞蹈于一体的戏剧理想，创造出了"芭蕾"这样一种融舞蹈动作、哑剧手势、面部表情、戏剧服装、音乐伴奏、文学台本、舞台灯光和布景等多种成分于一体的综合性舞剧形式，在西方剧场舞蹈艺术中占统治地位达 300 余年，至今已历时四个多世纪。

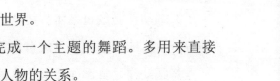

第二类，根据舞蹈表现形式的特点来区分，有独舞、双人舞、三人舞、群舞、组舞、歌舞、歌舞剧、舞剧等。

独舞，由一个人表演的完成一个主题的舞蹈，多用来直接抒发人物的思想感情和揭示人物的内心世界。

双人舞，由两个人表演共同完成一个主题的舞蹈。多用来直接抒发人物的思想感情的交流和展现人物的关系。

三人舞，由三个人合作表演完成一个主题的舞。根据其内容可分为表现单一情绪、表现一定情节，以及表现人物之间的戏剧矛盾冲突等三种不同的类别。

群舞，凡四人以上的舞蹈均可称为"群舞"。一般多为表现某种概括的情节或塑造群体的形象。通过舞蹈队形、画面的更迭、变化和不同速度、不同力度、不同幅度的舞蹈动作、姿态、造型的发展，能够创造出深邃的诗的意境，具有较强的艺术感染力。

组舞，由若干段舞蹈组成的比较大型的舞蹈作品。其中，各个舞蹈有相对的独立性，但它们又都统一在共同的主题和完整的艺术构思之中。

歌舞，是一种歌唱和舞蹈相结合的艺术表演形式。其特点是载歌载舞，既长于抒情，又善于叙事，能表观人物复杂、细腻的思想感情和广泛的生活内容。

歌舞剧，是一种以歌唱和舞蹈为主要艺术表现手段来展观戏剧性内容的综合性表演形式。

舞剧，以舞蹈为主要艺术表现手段，并综合了音乐、舞台美术（服装、布景、灯光、道具）等，表现一定戏剧内容的舞蹈作品。

4．舞蹈动作

舞蹈动作是经过艺术提炼、组织和美化的人体动作。来源于对人的各种生活或情感动作及大自然各种运动形态的模拟、变形与加工。

舞蹈动作是舞蹈作品最基本的艺术手段，是构成舞蹈的基本单位。舞蹈动作的含义有狭义和广义两种。狭义的舞蹈动作指运动过程中的动态性动作，包括单一动作和过程性动作。例如，中国舞蹈的俯、仰、冲、拧、扭、踢、"云手""穿掌""凤凰三点头""风摆柳"，以及芭蕾的蹲、屈伸等。广义的舞蹈动作包括上述动作和姿态、步法、技巧四个方面。舞蹈姿态是指静态性动作或动作后的静止造型，如中国古典舞蹈中的"探海""射燕""卧鱼"和芭蕾舞的"阿拉贝斯克"等。舞蹈步法指以脚步为主的移动重心或移步位的舞蹈动作，如中国舞蹈的"圆场""蹉步""云步",芭蕾舞的"滑步""摇摆步",以及舞会舞蹈中的三步华尔兹等。舞蹈技巧指有一定难度的技巧性动作,如中国舞蹈中的"飞脚""旋子",芭蕾舞中的各种跳跃、旋转、托举等。

舞蹈动作中的单一动作是以人体某一部位为主动,其他部位静止或随动的动作;复合动作是人体各部位在同一时刻按一定的顺序、规格同时动作,此外还有动作、姿态、步法、技巧共同复合的动作,如"探海转""串翻身"等。

舞蹈组合,是指两个以上的舞蹈动作的组合,犹如字和词或词组的关系。一般舞蹈组合并不具备明确的含义,只具有美感。还有些舞蹈组合主要是为了达到舞蹈技巧训练的目的编排起来的。舞蹈语言才具有传情达意、表达舞蹈形象的思想、感情和叙述一定情节的作用。舞蹈语言是由几个舞蹈组合组成的。

舞蹈动作组合构成的逻辑性,是动作在一定的顺序、方向、力度、速度和幅度上的结合与变化,它必须服从舞蹈语言乃至整个作品内容和形式的要求。舞蹈动作的美感,要求对动作的节奏、韵律和构图掌握适度。节奏,是动作在方向、力度、速度等方面的对比、重复或变化;韵律,是节奏的延伸和发展,是身体各部位动作之间和动作与动作之间连绵起伏的流动线条。舞蹈动作的构图,是节奏和韵律在空间所形成的静态舞姿和位置的移动,是造型的空间调动。

舞蹈动作的民族风格,是各民族生活习俗、民族性格的一种体现,也是各民族舞蹈区别的显著标志。它主要表现在节奏、韵律的不同。民间舞蹈搬上表演舞台,动作的风格特点是表演成功与否的重要因素。一般说来,东方民族的舞蹈,上身动作比较丰富;西方民族的舞蹈,脚下步法比较复杂。中国古典舞蹈动作线条比较圆曲、含蓄；古典芭蕾舞动作线条比较长直、外开。由于社会的发展和各国、各民族文化的不断交流，舞蹈动作的民族风格在保持传统特点的基础上，也在发展变化。

舞蹈动作来源于生活和大自然，但和生活动作和大自然的运动迥异。舞蹈动作必须具备逻辑性、节奏、韵律、构图、风格等因素。

5．舞蹈内容

舞蹈内容是指舞蹈作者根据自己的审美观点，通过舞蹈形象反映作品中的社会生活或思想感情，它是构成舞蹈作品的一切内在因素的总和，包括题材、主题、人物、情节事件、环境等。它是客观生活的审美属性和作者主观审美意识的结合，是社会生活和作者思想感情融合而一的产物。

题材是编导根据表现一定主题的需要，对其掌握的社会生活素材进行选择、提炼和加工之后作为舞蹈内容的材料。对舞蹈作品的题材，有广义和狭义两种解释。

广义的题材泛指舞蹈作品表现的生活范围，如现代题材或历史题材、工业题材或军事题材等；狭义的题材指作品中具体描写的生活现象。例如，舞剧《小刀会》从广义上来说是历史题材；狭义上来说表现的是中国太平天国运动时期，上海人民组织小刀会起义，为反抗封建统治者和帝国主义所进行的斗争。

舞蹈作品题材的选择和形成取决于舞蹈编导的生活实践，同时又受他的世界观、审美观的制约。舞蹈作品的题材应当广泛多样，从各个角度反映整个社会生活的面貌。选择舞蹈题材应当遵循舞蹈艺术反映生活的规律和特点，不仅应富有饱满的内心激情，而且要便于用舞蹈手段来表现。

主题指在舞蹈作品中，通过对社会生活的描绘和对舞蹈形象的塑造所表现出来的中心思想，是作者在深入生活、认识生活的过程中逐步形成的，表达其对生活的认识、评价和理想。舞蹈作品的主题一经形成，它便在整个创作中居于主导地位，并贯穿于创作的全过程。题材的选取、情节结构的安排、舞蹈动作的运用，都必须为正确而深刻地表现主题服务。舞蹈作品的主题要寓于舞蹈形象之中，要避免采取非舞蹈的手段把某种抽象的思想概念硬塞进舞蹈里。

人物、环境、情节是舞蹈作品表现的主要对象，在舞蹈作品里，编导往往是通过对人物的描写来表现作品的主题和他对生活的评价的。舞蹈作品中人物形象的塑造也要坚持典型化和性格化的原则，塑造人物主要通过行为的描写和感情的抒发。在舞剧里，常把人物置于尖锐激烈的矛盾冲突——典型环境——之中来展现其性格；在叙事性舞蹈里，生动巧妙的情节结构是表现人物的重要方法；在抒情性舞蹈中，角色的身份往往不像叙事性舞蹈那样明确，有时是人，有时是自然景物，但不论其外部形态如何，都是舞蹈作者在缘物寄情、托物言志，抒发着编导的情感态度。抒情性舞蹈的环境往往是一个时代气氛的概括，表演者也常常是置身于这样的氛围中，见景生情、寓情于景，进而情景交融地创造出诗的意境和生动的舞蹈形象。

6. 舞蹈形式

舞蹈形式是指表现舞蹈作品思想内容的舞蹈语言、结构、体裁等艺术手段。

舞蹈语言主要由一系列能表现一定思想感情的舞蹈动作所组成。它是从社会生活、人的情绪状态、自然现象中提炼加工，使之美化、节律化、造型化后形成的。

它是舞蹈作品表情达意、叙事状物的最基本手段，是构成舞蹈形象的基础。舞蹈艺术有别于其他艺术形式主要在于艺术语言的不同；在舞蹈艺术领域中，各民族、各地区之间的舞蹈之所以千差万别，也在于构成舞蹈语言的舞蹈动作、姿态在形态、节奏、动律和组织结构方面的差异。舞蹈语言要求形象化、性格化、情感饱满、富于美感，必须生动、鲜明、凝练、集中，有独特的个性。

舞蹈语言主要可分抒情性和叙事性两种。抒情性舞蹈语言的功能是抒发人物思想感情、表现人物性格特征；叙事性舞蹈语言的功能是描写人物行为、推动情节发展和揭示矛盾冲突。由于舞蹈艺术是以抒情性为其本质特征的表现性艺术，叙事性的舞蹈语言也应具有强烈的抒情色彩。

舞蹈结构指舞蹈作品的组织方式和内部构造，是作者塑造形象、表现作品主题思想的重要艺术手段。在艺术构思时，必须考虑如何把一系列的生活材料、人物、事件、情绪等分主次、轻重、繁简、先后，合理而恰当地加以安排和组织，使其既符合生活的规律，又适应一定体裁的要求，组成一个完整的舞蹈作品。舞蹈和舞剧作品的结构形式主要有以下几种：

①传统式结构，又称"戏剧式结构"，这是最常见的一种结构形式，即按照隋节内容发展的时间顺序渐次展开，作品从开端、发展、高潮直至结局，层次递进比较清晰，场次划分也比较清楚。

②时空交错式结构，或称"心理结构"。其主要特点是，不受时间和空间的限制，以作品中人物的心理变化作为安排人物行动、展开情节事件的贯串线，常采用正叙、倒叙、闪回等手法，把过去、未来与现实有机地交织在一起，便于在比较短的时间和篇幅里表现较为广阔的生活内容和深刻的人物内心世界。③篇章式结构。一般由几个既有联系又相对独立的场景和段落组成。整个作品有统一的主题和贯串性人物，其中每幕、每场都有相对的独立性和完整性，近似于几个乐章组成的交响乐和几个篇章组成的组诗。

在设计作品结构时，还应注意：①要服从表现主题、塑造人物形象的需要；②要适应不同舞蹈体裁的要求，本身要完整协调；③要尊重和适应民族的艺术欣赏习惯。

舞蹈体裁又称"舞蹈样式"，是舞蹈作品表达思想内容的外部形态。各种舞蹈体裁的形成，是人类长期艺术实践的产物。舞蹈作者根据表现生活内容和人物思想感情的需要，从简单到多样，从低级到高级，不断创造出各种各样的体裁。舞蹈体裁，根据舞蹈不同的表演形式，可分为单人舞（独舞）、双人舞、三人舞、群舞、组舞、音乐舞蹈史诗、舞剧（芭蕾）等；根据舞蹈不同的风格特点，可分为古典舞蹈、民间舞蹈、现代舞；根据塑造舞蹈形象的不同方法，可分为抒情性舞蹈、叙事性舞蹈、戏剧性舞蹈。

舞蹈的本质及其意境

中外学者的这些观点，即舞蹈起源之说，甚至已形成重大流派的学说。从各自不同的历史时期、认知角度和审美习惯出发，捕捉了形形色色的舞蹈之起源论据，既生动形象，又丰富多彩，尤其是那些来自遥远时代的材料或偏僻地区的例证，对于我们今天全面认识舞蹈的起源，乃至舞蹈的不同时期的不同价值、生命本质和美学特征，具有极其重要的意义。

但总体说来，这些材料大多仅停留在支离破碎的描述中，更难免有顾此失彼之嫌，结果使如此错综复杂的舞蹈起源问题，遭到了如此轻率的简单化待遇；而在更加广阔的范畴中，这些学说对具体论述对象的生态环境、文化习性、美学特质、运动习惯等许多关键性的方面，则缺乏搜集的意识和严密论证，最关键的症结还在于这些学说论及的都只是舞蹈起源的外在，存在严重的缺陷。

研究和阐释舞蹈的起源，绝对不能忽视其"内在根据"。只有对"内在根据"与外在条件这两方面都全面了解，才能最终把握舞蹈起源的真谛，使这个专题的研究达到一个令人满意的答案。

所谓舞蹈起源的"内在根据"，指的是人类那身心合一的物质条件、手舞足蹈的自娱意识和传情达意的交流需要这三种内在因素。

舞蹈不单纯是一种娱乐，它是表现人的诸多复杂思想感情的意识形态的艺术。"艺术作品通过形象描写表现出来的境界和情调"——这就是意境。

一件成功的舞蹈作品，总能令人耳目一新，产生感情上的共鸣，即有意境。美的意境需要眼光独到，善于把握时代的脉络，抓住一般人司空见惯的事物进行筛选，发展其中的闪光点加以提炼升华，于是栩栩如生的形象便脱颖而出。意境不仅对主题起到了深化作用，而且调动起观众的想象力，使观众有身临其境之感。舞蹈的意境创造要达到这种境界，作品才易于被观众所接受和欢迎。

舞蹈的意境有许多种，一是心态意境。心态是指人的心理活动状态，喜怒、哀乐、忧愁、烦躁等心理活动的表露形式，受周围环境的影响会复杂多变，在一定的范围里，标志着社会某一个民族或个人的精神斗志。

二是生态意境，舞蹈从手之舞之、足之蹈之的原始状态起，就由各种物体打击出各种节奏相伴随，而打击出来的各种节奏也正是音乐的原始状态。舞蹈艺术发展到今天，更是与音乐难舍难分。好的舞蹈构思创作出好的舞蹈音乐，好的音乐创作出优秀的舞蹈作品的成功之作比比皆是。舞蹈音乐属于音乐的一个品种，但它通过音乐塑造的时空和舞蹈的形体动作珠联璧合，使观众同时从听觉和视觉两条审美通道去欣赏同一作品。

三是情态意境。情态，顾名思义是指"情"和"景"的交融，"情"是人所为，"景"是客观存在，两者统一形成动态情势。当人与景观产生联系融为一体时，情态便在情景交融中自然结合，起到承上启下、画龙点睛的作用。

舞蹈艺术和其它的艺术门类一样，在建构自己的艺术大厦时，情要真，意要深。而情真需要创作者对生活有深刻的体验，意深则需要艺术家对社会生活有高屋建瓴的理解和认识，只要情真意深，形象必然丰满，作品的哲理品格也便会透过情节自然浮现出来。

现代著名美学家苏珊·朗格说："艺术家表现的绝不是他自己的真实情感，而是整个人类的感情"。这种以整体探索、整体品察、整体把握为背景，将哲理与情感融为一体的艺术，毕竟在更清醒的理性和更深沉的情感上观照了人类整体，而成为一种更高层次的艺术。

舞蹈的形式美、技术性极强。但这种形式美和技术性，都是发自人体自身的，外部的形态美和技艺，都不可避免地与人体内部精神情感相通，受其支配并表现情感。不是这样，就不能称之为"活的人体"了，这样的舞蹈也就失去了舞蹈的真谛。舞蹈作品的生命源于人体内部的精神情感的创作机制。

舞蹈的情感是细腻的，它所创造出来的意境亦是独特的。在舞蹈商业化、国际化的今天，对舞蹈的优势应该加以发扬、传播，同时也要加以发展来适应当今的社会。

7．乐舞

原始时期的音乐和舞蹈是紧密结合在一起的。这些乐舞与先民的狩猎、畜牧、耕种、战争等多方面的生活有关。青海省大通县上孙寨出土的舞蹈纹彩陶盆，是迄今所知可估定年代的最古老的原始舞蹈图像，距今约五千余年，属新石器时代的遗物。在陶盆内壁上，有三组舞者，每组五人，手挽手列队舞蹈。舞者头上有下垂的发辫或装饰物，身边拖一小尾巴，可能是扮演鸟兽的装饰。在原始乐舞活动中，人们常把自己打扮成狩猎的对象或氏族的图腾，这类乐舞反映了先民的狩猎生活。《尚书·益稷》载："予击石拊石，百兽率舞"，此画面仿佛使我们看到先民在原始乐器，如骨笛、陶哨、陶埙、石磬的伴奏下欢乐歌舞的情景。

在我国云南省、广西壮族自治区、贵州省、内蒙古自治区、新疆维吾尔自治区、西藏自治区、四川省、甘肃省、黑龙江省等地区都发现过古老的岩画，有的岩画中有乐舞场面。

由于我国地域广大，各地区、各民族社会发展历史不平衡，这些岩画的准确创作年代尚难断定。它们多数产生在中原地区进入奴隶社会或封建社会之后，大量出现是在秦汉时期，有的延续到封建社会晚期。其中，不少画面反映的内容是原始社会的艺术活动，如阴山山脉狼山地区岩画中的乐舞场面，形式多样，有单人舞、双人舞和数人列队表演的集体舞。其中有一画面，一排四人，手挽手翩翩起舞。画面四周有围框，似是表示房屋或洞穴，反映出这是室内的乐舞活动。还有一幅集体舞蹈场面，有十几个舞者，其中四人有很长的尾饰，有人身上蒙着扮演各种鸟兽形象的伪装，模拟着鸟兽的形态动作。

甘肃省嘉峪关市西北黑山石刻画像中有一幅三十人舞蹈的画面。表演者分上、中、下三层列队横排，有人双手叉腰，有人一手叉腰，头上都有尖长状饰物，似雉翎。还有人持弓射箭，前面设有箭靶，有人作练武状。从整个画面看，可能是练武，也可能是习舞。在原始社会，部落之间战争频繁，所以产生了带鼓动和操练性质的军事舞蹈。

广西壮族自治区宁明县花山崖壁画中有远古骆越民族（壮族祖先）的乐舞场面，舞蹈动作多是双手上举、两腿叉开，舞姿粗犷有力。

在商代卜辞（甲骨文）中见到的乐舞有隶舞、羽舞等。这些乐舞多用于求雨，也有的用于祈年或祭祀祖先、山川。

四川省成都市郊百花潭出土铜壶乐舞图。此壶约为春秋末至战国前期制品。通体用金属嵌错丰富的图像。壶身以三条带纹分为四层画面，上有习射、采桑、狩猎、宴乐、武舞、水陆攻战等图像，反映了当时社会生活的若干侧面。第二层宴乐场面中有两人击四件一组的编钟（甬钟），两人击五件一组的编磬。

四人图像下面有踞坐者吹笙（或排箫）。在编磬右侧有两人，执槌击建鼓，四人执矛舞蹈。与此壶形制相近的还有一件传世铜壶，其嵌错图像纹饰中有乐舞场面。有两人击四件一组的编钟（甬钟），一人击五件一组的编磬，一人吹角，一人击建鼓。整个乐队在一套钟磬架下面演奏，两个支柱作怪兽状。这两件铜壶上的图像均为生动的乐舞表演场面。

河南省辉县出土铜鉴乐舞图，约为战国制品。器物虽已残破，但在质地极薄的碎铜片上发现有细如发丝的纹饰，上有宴乐、狩猎、草木等画面。中部房屋两边悬有编钟、编磬。钟为钮钟，共五件，由两人演奏。磬也是五件，有三件清晰可见，由两人演奏。演奏者双手执槌，姿态优美。

浙江绍兴 306 号战国墓乐舞模型。在一铜质房屋模型内，有六人踞坐于地，其中四人演奏乐器。一人击鼓，一人吹笙。一人膝上横置弦乐器，双手弹奏。一人膝上也横置弦乐器，右手执一小棍，似在击弦，另一手弹奏。另有两人双手交置于腹前，似为歌者。这是一座越国墓葬，此屋屋顶上竖立图腾柱，柱上端蹲一只鸟。屋内人物可能是在进行与祭祀有关的奏乐活动。

《礼记》中的鼓谱。周代以来，宴享宾客时，常举行各种竞技游戏，如投壶即是其中一种。汉代画像石中有"投壶"图像。在投壶活动中，有"投壶礼"，还要演奏鼓乐。《礼记·投壶》中记录了两段鼓谱。郑玄注："此鲁、薛击鼓之节也。圆者击鼙，方者击鼓。古者举事，鼓各有节，闻其节则知其事也"。

鼓在古代乐舞和社会活动中占有重要的地位。凡社祭、军事、宴乐等场合都使用鼓，也就是郑玄所说的凡要"举事"，必以击鼓为号令。

此"鼓语"是鲁、薛两国所用，其圆形符号为击鼙鼓，鼙鼓是一种用于军旅的小鼓；方形符号为击大鼓。此谱没有标注时值长短的符号，尚难演奏，但它是文献所载，年代最早的打击乐谱。

沂蒙地区有灿烂的乐舞文化。自春秋的"夷狄之乐"、汉代"百戏"、唐代"乐舞"、宋代"舞队"，至明清的"秧歌"，不同形式与风格的民间舞蹈，经历数十个朝代风雨的洗涤和冲筛，保留下来的已成为民间传统舞蹈的精髓。其中，龙灯扛阁在全国独树一帜。早在150多年前，龙灯、扛阁就流传在河东区九曲镇三官庙村一带，是一种将民间的龙舞和扛阁结合在一起表演的广场舞蹈，粗犷奔放、气势恢弘。过去用于祭祀和求雨，抗日战争、解放战争时期，龙灯扛阁参加欢迎八路军、解放军及庆祝胜利的活动，成为喜庆节日不可缺少的娱乐项目。龙灯扛阁的舞龙者为青壮年，有两组轮番上场，每组10人（或14人），1人擎珠，9人分执龙头、龙尾、龙身；8付扛阁由16人表演（8个人成人为"下扛"，4个儿童为"上扛"），多扮成神话故事，如《八仙过海》中的人物形象。

扑蝴蝶是沂蒙地区另一种极具特色的广场舞蹈。其中，临沭县韩村镇李介前村的表演远近闻名。该村的表演队伍庞大。每逢春节至正月十五，他们不仅在本村，还经常到邻村和县城献艺。参加表演的多则百余人，少则几十人，男女成队而舞，表现了青年人对美好生活的向往和对家乡的赞美之情。在充满烽火和硝烟的战争岁月里，扑蝴蝶对宣传党的方针政策、推动"减租减息""土地改革""动员参军""交送公粮支援前线"等工作起到了极大的推动作用。十字路镇的耍马灯、峨庄的舞蹈大竹马也是盛名远扬。

第二章

舞蹈的学习训练

第一节　交际舞的学习训练

1. 交际舞的基础知识

交际舞是一种社交性的舞蹈，需要男女两人合舞，又称"交谊舞"。因此，当男女手之舞之、足之蹈之，满场飞旋之时，每一个舞者都是快乐的小精灵——人们尽显的是自信，得到的是享受、是消遣、是会友、是健身。在轻松活泼、动感十足的舞蹈中，我们的身心会获得一次洗礼，审美情趣也在舞蹈艺术的实践中得到浸润、滋养与升华。

主要表现

交际舞之美主要表现在三方面。一是运动之美。舞蹈主要通过肢体语言表情达意，诠释内涵，因此舞者的举手投足、神态情思无不表现出一定的艺术修养和文化底蕴。比如，对动作规范性的操练、对动作力度幅度的控制、对音乐节奏的把握、对进退速度的约束、对音乐旋律的领悟等，都可以在握手、伸臂、搂腰、搭肩、踢腿、跳跃、旋转、甩拉、滑步、蹬足、扭头、侧身、腾空、悬腕等动作中得到充分的体现。二是和谐之美。男女双方构成交际舞的整体美，重在搭配合作的效果，双方不宜反差过大。和谐主要指舞艺的协调、舞姿的优美、舞步的轻盈、舞感的流露。它需要个体素质的增强与提高，也依赖于舞蹈实践双方的磨合与适应。三是默契之美。默契指双方的意思没有明白说出而彼此有一致的了解，非专业舞蹈演员很难达到这一步。它主要表现在艺术感悟力上，一方的一个眼神、一个微笑、一次暗示，另一方立即心领神会，并给予积极主动的反馈与回应，这时舞蹈者双方就是一种舞蹈美的化身了。总之，如果说达到运动之美是跨入舞蹈艺术之门，那么和谐之美和默契之美则是进入舞蹈艺术殿堂的通行证了。

舞伴

随着音乐而翩翩起舞，离不开舞伴的配合与协调。因此，从某种意义上说，合适而合格的舞伴，能与对方通过舞蹈这个媒介进行无声的对话和心灵的交流。

好的舞伴可遇而不可求，关键在于机遇与缘分。舞伴之选择，在多种因素的参考中，往往第一印象十分重要：对方的身材是否般配，双方相差过大则不适宜；对方服饰是否得体；对方舞技水平与本人是否相当，等等。

在舞厅这个特定的社交场所，相对固定的舞伴，对双方是大有裨益的，双方能在舞艺的切磋、交流和配合的过程中，提高水平，加深了解，增进情谊。

综上所述，交际舞是现代文明社会的产物，是休闲、娱乐、交友健身的重要表现形式。有舞曲的滋养、舞蹈的愉悦，我们的业余文化精神生活不是更加丰富多彩、有滋有味吗？

2．交际舞的练习方法

交谊舞慢三步的练习

慢三是最基本的舞种之一，是其它舞种的基础，这是因为在其他舞种中所要用到的技巧，在慢三中都有应用。慢三步是属于三步，顾名思义，就是在音乐的每一小节有三拍，它的重音在第一拍，后两拍是弱音，节奏是"强，弱，弱"。

双方摆好舞姿，男舞伴前进左脚，女舞伴后退右脚。在慢三中，男士第一小节的重音在左脚，第二小节的重音就换到了右脚，以后都是重音在左右脚轮换；对于女舞伴亦是一样，第一小节的重音在右脚，第二小节的重音就换到了左脚，接着轮换。这是与慢四非常明显的不同，慢三步最简单的舞步是直步。

跳舞其实和走路差不多，只不过是加上了对音乐的理解。对于慢三步，第一拍即重拍步子要大一些，二、三拍为弱拍，步子作出调整，男士出脚应直着往前伸，有的初学者怕踩到女伴的脚，脚步往旁边走，即不符合慢三的跳法，又显得不好看，其实只要男女双方和着音乐的节奏，同时前进或后退，是不会踩到对方的脚的。慢三步中的内侧旋转也是基本步之一，男舞步都是一样的，只不过男舞伴先出的是左脚，女舞伴先退右脚。首先女舞伴退右脚，男舞伴出左脚在女舞伴两脚之间，这时男舞伴以左脚为轴，女舞伴以右脚为轴，旋转180度后，男舞伴后退右脚，女舞伴前进左脚，这是第二拍。最后一拍，男舞伴后退左脚，并在右脚左侧，女舞伴前进右脚，并在左脚右侧，两人的舞姿成闭位，注意：旋转了 180 度后，为了保持舞程线的方向，男舞伴在以后的跳法中应后退，若想还原，再旋转 180 度即可，这时男舞伴应后退右脚，女舞伴前进左脚……同前面一样。

慢三舞步的基本舞步结构，是由前进（或后退）、横移、并脚三步构成一个基本旋回。这样，第一个旋回和第二个旋回，就要出现必然的换脚变化。这是初学者必须解决的第一个障碍。在练习中，要逐步养成这样一种概念：重心是在两脚之间依次交换的，即使是并脚的舞步，重心落在双脚上的时间也是极短暂的，它只不过是一种特殊的交换重心的形式而已，这种特殊形式是为了形成"不露痕迹的交换重心的形态"。但主观上的换脚意图却是丝毫也没有变化的。只要保持这种意图的连续性发展，就可以很容易地越过这个障碍。

还要注意脚跟、脚掌、脚尖的运动程序及其方法的问题。前面已经介绍了基本运步方法，现在遇到的是在升降中如何处理它们之间的关系的问题。无论前进还是后退，在第一步重心转移完成后，都应把重心点移向前脚掌。尽管此时膝部还未伸直，但脚跟却应微微离地。向第二步发展的动力，就是由脚距离地而产生的脚掌推力引发的。第二步的横移，是运步的特殊形式，它既不是先落脚跟，也不是先落脚尖，而是近似于全脚的前掌落地，并伴随着反向的倾斜（即左横移时右倾斜，右横移时左倾斜）。此外还应注意，并脚动作并非从第三拍才开始，而是在第二拍的后半拍就伴随着身体的上挺和倾斜。开始向并脚发展（并拢）。此时的重心完全处在横移脚的前半脚掌上。第三拍的并脚是在完全没有重心的状态下到位的，而且直到第三拍的前半拍，重心都还在横移脚的前掌上上升，直至极限状态，并拢的脚掌才开始不露痕迹地支撑重心。这种双脚重心状态只不过是一刹那的表现。从第三拍的后半拍开始，脚跟开始下降，而下降的重心，则主要由并拢那只脚的脚掌支撑。换言之，横移脚的脚掌完成着推动脚跟上升的重心支撑任务，而脚掌下降的重心则落在并拢脚的脚掌上。上升和下降的转折点，就是重心不露痕迹地交换的时间。这些要求对于一个初学者来说太困难了。但假如你想跳出优美的舞步，这第二个障碍也是必须越过的。

还有一个障碍是侧身与倾斜。倾斜是通过侧身动作的延伸，也就是肩部引导来实现的。再进一步深入地说，这一系列的上身动作，都产生于腰部的力量，而不是某一个局部的单独运动。这虽然是最高层次的要求，但却必须从一开始就引起注意。否则，一旦形成局部性用力的毛病，改起来就不容易了。

上述需要注意的问题，大家可以根据自己的具体情况灵活掌握。

基础较差的初学者，可以在练习基本步的时候，一个一个地解决问题；有一定基础的交谊舞爱好者，则可以用这些规范来提高自己的技术能力。

交谊舞快三步的练习

在所有的交谊舞中，快三是最难跳的，快三跳得好坏，表现了一个人跳交谊舞水平的高低。在整个舞场中，跳快三的人越多，说明这个舞场的整体水平就越高。

快三属于三步，自然是三拍一个小节，重音在第一拍。但是，由于是快三，就说明了它的节奏比起慢三来要快得多。

快三的舞姿与慢三的舞姿稍稍有些不同，原来男士的右手在女士左肩胛骨下方，在跳快三的时候，右手可向左后方稍稍移动，大概到女士脊柱中央，且男、女舞伴身体不能离得太开。这是因为，在跳快三时，大部分时间是在快速旋转，这种舞姿便于男士用力带动女士旋转。

快三的步伐很简单，常用的只有内侧旋转，虽然跳法与慢三一样，但是由于快三的节奏比慢三要快得多，所以若是还和慢三一样，用三拍跳三步来完成这个动作是无法跟上节奏的。因此，在跳快三的时候，我们说三步并作两步，其中最主要的是重心的移动。首先，男士出左脚在女士两脚之间，男士略抬起右脚，重心在左脚，女士略抬起左脚，重心在右脚。男士以左脚为轴，女士以右脚为轴，逆时针旋转 $180°$，这时重心不变，男士的右脚和女士的左脚并在自己另外一只脚的旁边，脚尖着地，但不支持身体，男士的重心依旧在左脚，这样完成一个小节。下一小节，男士后退右脚，女士前进左脚，同上节跳法一样。在跳快三时，要切记沿着舞程线随着人流旋转前进。

可见，快三的跳法虽然较为简单，但快速的旋转，决定了它是一个高难度的舞种。只要男女舞伴反复练习，是不难掌握的。国标舞中的快三是维也纳华尔兹，是一小节跳三步的，但跳法与慢三略有不同。下面再具体说说维也钠华尔兹标准跳法练习。标准跳法的左右旋转，在形式和方法上都与简易跳法有很大的不同。简单地说，左旋转是锁式结构，右旋转则是横并式结构。

（1）左旋转前进舞步

男进左、女退右，在重心移至脚掌时，开始左旋转。

当左转至 $135°$ 时，男横右、女横左，并继续左转运动。

男左脚锁向右脚的前面，并继续左旋转 $90°$；女右脚向左脚靠并，并继续旋转 45°。

在往下运行的一小节里，男与前女步同、女与男步同。需要说明的是，凡处于锁步状态时，旋转度应大于并脚状态的一方。这是形成舞程线的图形轨迹的需要，否则将出现直线性发展。

（2）右旋转前进舞步。男进右，女退左，向斜墙位偏离 45°，当重心移至前掌时开始右旋转。

当右转至 135° 时，男横左，女横右。男在左肩引导下右倾斜，女对称相反。

男右脚，女左脚向重心脚并拢，重心上升和倾斜均应保持。在最后一刹那形成并步，并迅速转移重心，以便下一步向斜墙方向发展。

下一小节女与男前步同，男与女步同。右旋转应当注意的是，共舞双方在每一小节第一拍的进步方向，必须向斜墙位呈 45° 偏离状态发展。

左旋转前进和右旋转前进相同。必须使用前进换步来衔接，前进换步实际上是一个前进基本步，只是因为在快速转动中，不可能有大的横移，所以才给这种变形的旋回以专用名称。

第二节 踢踏舞的学习训练

1. 踢踏舞的基础知识

踢踏舞是现代舞蹈风格的一种，形成于 20 世纪 20 年代的美国。当时，爱尔兰人和非洲人把各自的民间舞蹈带到美国，逐渐融合形成了新的舞蹈形式。这种舞蹈的形式比较开放自由，没有很多的形式化限制。舞者不注重身体的舞姿，而是着重趾尖与脚跟的打击节奏的复杂技巧。表演者穿着特别的踢踏舞鞋，用脚的各个部位在地板上摩擦拍击，发出各种踢踏声，加上舞者的各种优美舞姿，形成踢踏舞特有的幽默、诙谐和表现力非常丰富的一种魅力。

经多年发展，踢踏舞吸收了爵士乐节奏、即兴表演等元素，也是一种非常有趣的运动，更具自娱性，也更加开放而具有挑战性，给人的感觉是轻快、活泼、自由与节奏感十足的。

起源

踢踏舞自美国百老汇，是一种民间风俗舞蹈。踢踏舞的英文名称是"tap dance"，tap 是拍打、扣击的意思。

在踢踏舞的发展过程中，有几个非常关键的人物——威廉·亨利·莱恩是一位伟大的节奏舞蹈家，他把非洲舞步加入到爱尔兰的吉格舞中，强调节奏与打击胜过旋律。其后，又有一些踢踏舞者奠定了踢踏舞的基础，如比尔·罗宾逊、John W Bubbles 等。罗宾逊在成熟的踢踏舞步基础上发展了自己的舞步，突出了脚尖的技术，而Bubbles 则创造了称为"Cramp Roll"的舞步，他的舞步特点是同时运用脚尖和后跟。

踢踏舞是一种被用来听的舞蹈样式，甚至有一种说法认为一位伟大的踢踏舞舞蹈家更是一位音乐家。在早期的踢踏舞比赛中，评委甚至坐在木制的舞台下面，根本不看舞蹈演员，而是听他们打击节奏的轻重缓急，对于踢踏舞来说，最重要的是节奏是否清晰。一个好的踢踏舞者，不管是多快的节奏、多复杂的舞步、多轻的声音，都能做到听起来清清楚楚。

踢踏舞历经近百年的发展，形成了不同的风格，最主要的两大分支就是爱尔兰风格的踢踏舞和美国风格的踢踏舞。历史最悠久的踢踏舞要算发源于美国本土的，被称为"Hoofing"的流派。Hoofing 本身就有踢踏、跳舞的意思，因此当时跳踢踏舞的人也被叫作"Hoofer"，Hoofer 这个词还有黑人的意思，这说明了当时的踢踏舞者多为黑人，同时也说明了踢踏舞与黑人舞蹈的渊源。

踢踏舞起源于美国的下层民众，主要是爱尔兰民间舞蹈和非洲黑人舞蹈的结合。这种流派的形式比较开放自由，没有很多的程式化限制。舞者不注重身体的舞姿，而是炫耀脚下打击节奏的复杂技巧，他们常常聚在街头互相竞技。其整体舞风比较朴实、散漫。后来在长期的发展中，这种流派不断受到诸多因素的影响，如美国西部牛仔的影响、黑人传统吉鼓节奏的影响等，其中最重要的影响可能算是爵士乐的影响，踢踏舞吸收了爵士乐音乐节奏、即兴表演等元素，更具自娱性，也更加开放而具有挑战性。这样就逐渐形成了十分丰富的舞蹈形式，并且成为代表美国的、"黑人味"浓厚的踢踏舞流派。

美式踢踏

美式踢踏舞，在美洲大陆的民族大融合中，将爱尔兰木屐舞和非洲民族的传统音乐及原始舞蹈结合，发展形成。以自由轻松为形态，追求节奏的复杂表达。作为非洲民族艺术的一种新大陆的提升，美式踢踏舞继承了黑人那种天性中深蕴的原始自由，"Tap isnot map"一直作为美式踢踏舞的真谛被发扬。比尔·罗宾森在踢踏舞的发展中起了巨大的作用。*1989* 年，就是以他的生日 *5* 月 *25* 日，定下了国际踢踏节的日期，其中的巨大纪念意义不言而喻。

在好莱坞歌舞片时代，美式踢踏舞作为大银幕上最迷人的舞蹈，被世界各地的人熟悉和喜爱，让美式踢踏舞发展到了一个高峰。从可爱的秀兰·邓波儿，到好莱坞两位鼎鼎大名的舞王弗雷德·阿斯泰尔和吉恩·凯利，他们在影片中踢踏起舞的表演，迷醉了亿万观众。著名影片有吉恩·凯利的《雨中曲》《一个美国人在巴黎》；弗雷德·阿斯泰尔的《王室的婚礼》《龙国香车》；秀兰·邓波儿的《一月船长》《小叛逆》，等等。而在歌舞片时代过去后，美式踢踏舞也进入了低潮期。

直到 *20* 世纪 *80* 年代，节奏踢踏舞王格雷戈里·海因斯的出现，将一种新的美式踢踏风格展现在大银幕上，实现了美式踢踏舞的复兴。他的成功，也使得过去那些因为种族问题而在电影上被压抑的黑人踢踏舞大师，终于能将自己高超的踢踏舞艺在世人面前广泛展现。著名影片有《踢踏情缘》等。其后，最年轻的踢踏舞大师 Savion Glover，将节奏踢踏舞带向了更高的层次。澳大利亚的踢踏狗组合，也为美式踢踏舞"踢"出了一片新天地。

爵士踢踏舞同样也以脚下打击节奏的复杂多变为根本，只是更强调与爵士乐的配合与表演，也是此时代踢踏舞发展的一个重要力量。其代表人物首推最伟大的女踢踏舞者 Brenda Bufalino。

爱尔兰式踢踏舞

爱尔兰式踢踏舞，真正的名称应该为"Irish dance-Hard shoesdance"，爱尔兰式踢踏舞首先是一种爱尔兰民族的传统艺术形式。而美式踢踏舞才称为"tap dance"。

踢踏舞是爱尔兰的特色，更是爱尔兰的国粹。它结合了艺术的表演、优雅的舞蹈动作与舞者惊人的体能。近年来，全世界都吹起了爱尔兰舞蹈的风潮。

爱尔兰舞者在跳爱尔兰舞时，是没有上半身动作的，双手自然下垂，贴与髋部，下半身双脚总是保持交叉的姿势（45°）。爱尔兰式踢踏又有软鞋及硬鞋的分别，在软鞋舞方面，男生与女生所跳的是不同的，因为软鞋舞男女生的鞋子不同，女生的鞋子有点像是芭蕾舞鞋，不会发出声响，而男生的鞋后跟部分则是硬的，所以可以发出声音。

爱尔兰式踢踏舞作为爱尔兰民间传统艺术，其真正得到认识与重视，还是要从《大河之舞》的上演开始。那些热爱此种艺术的舞者，将更先进的踢踏舞理念融合进自己的民族传统中，完成了爱尔兰式踢踏舞的升华。在现在大家所见的爱尔兰舞剧中，我们会看到舞者的上半身会有些许的动作，那是由舞者进行的改进，在传统的爱尔兰式踢踏舞中是只有下半身的动作的。爱尔兰踢踏舞王迈克·弗莱利是最著名的爱尔兰式踢踏舞舞者。《大河之舞》《王者之舞》《火焰之舞》《塞尔特之虎》都是著名的爱尔兰踢踏舞剧，无比精彩。

英式踢踏舞

英式踢踏舞强调以芭蕾舞优美的肢体动作为主，在舞步方面有较多的旋转、滑步等，舞者在演出时常带给人们一种贵族的气息，另外英式踢踏舞在节奏这部分切分音的变化比较少，但是重复的音节比教多；同时，英式踢踏舞也提供了众多学习者取得证照的渠道。你可以通过加入英国皇家舞蹈联合会，成为会员，每年参加升级考试以取得国际认可的证照。

适宜人群

踢踏舞是一项适合所有年龄段的人跳的舞蹈，从几岁的孩子到六七十岁的老人，穿上一双舞鞋，都可以踢出激情、动感和快乐，这就是踢踏舞迅速流行的原因。

踢踏舞可以健脑、健心、健身、健美。健脑，就是说人们在跳踢踏舞的时候要用大小脑来支配自己的四肢，特别是脚的各个部位要注意节奏，可以锻炼人的思维和协调能力，增强记忆力。健心，踢踏舞不仅要看，还要听，所以既能够促进全身血液循环，还能让人的心情愉悦。健身，跳踢踏舞从脚趾到膝关节都能活动到，对关节灵活性的锻炼相当有好处。健美，踢踏舞可以达到减肥瘦身的目的。

俗话说，人老腿先老，关节更是首当其冲。而踢踏舞锻炼的就是人的关节位置：膝关节、踝关节。踢踏舞对中老年人来说是一项非常好的健身娱乐形式，不仅可以活跃关节，还可以防止肌肉的过快松弛。

踢踏舞不但好处多，而且容易学，只要你想跳，你就可以跳起来。会走路就会跳踢踏舞。踢踏舞并不神秘，它不受年龄、场地、舞伴、专业的限制，也不需要舞蹈基础，只要你有热爱生活的真心，踢踏舞就能让你从最简单的左右脚踩步中，踩出优美的节奏来，带给你真实的快乐。北京某家电视台曾经现场录制过一个小女孩学习踢踏舞的过程，她从没见过踢踏舞，但是那个小女孩只用了一个小时就掌握了踢踏舞的基本步法。

当然，做什么事都是需要一定的方法的。踢踏舞有6个基本的打击：直打击、前打击、后打击、脚掌打击、脚跟打击和脚尖打击，以及踩步、单脚跳、换步等一些基本的步法，其他的动作其实都是这些基本动作的各种编排和组合。所以，建议初学者一定要练好基本功，再循序渐进，做一些系统的训练。那时，你也可以像吉恩·凯利在《雨中曲》那样随心所跳了！

不过，如果方法不正确，膝盖很容易受伤。因为踢踏舞主要靠的是脚对地板的反撞击力，如果基本功不到家，又在较硬的水泥地上跳，就会出现膝盖扭伤的情况。跳踢踏舞时要遵循科学的方法，循序渐进地练习。

踢踏舞特色

踢踏舞主要是穿着特制的带有铁掌的舞鞋，利用灵活的舞步在木地板上打击出多样的节奏。其形式不拘一格，是一种非常自由的舞蹈形式。历史上许多的舞蹈家都不断在丰富踢踏舞的形式。

除此之外，与其他一些以脚步打击节奏的舞蹈相比，踢踏舞更注重脚步打点的复杂技巧与节奏，并且与爵士乐有着更紧密的关系。例如，西班牙的综合表演艺术弗拉门戈中就有脚步打点的舞蹈，但其节奏是与西班牙的民间吉他音乐配合的，而且脚下的舞步也与西班牙舞蹈挺拔矫健的舞姿配合，有力而简洁。再如，我国藏族舞蹈中也有穿着靴子的"踢踏舞"，多以顿踏为主，也是与民间音乐和藏族舞姿融为整体的。而踢踏舞则不太强调身体的舞姿，像爱尔兰风格的踢踏舞多保持上身不动，黑人味浓厚的踢踏舞则经常随意地摇摆身体，甚至还有很多滑稽搞笑的动作，如早期一种吸收了爱尔兰舞蹈手臂动作的称为"Wing"（翅膀）的舞步。

踢踏舞与爵士乐的联系非常紧密，吸收了许多"爵士味"的因素，例如切分节奏和即兴表演。一些踢踏舞大师与爵士乐大师常常联袂演出。当然踢踏舞也有一些基本的舞步训练，如 toe、heel、flap、brush、shuffle、ball change、cramproll 等。

一直以来踢踏舞都被认为是互相挑战的舞蹈，因为它发源于社会底层民众，发源于农场和街头，而且早期几乎都是黑人在跳。在农场和种植园里，黑人在活动中用拍手和脚部击打地板来代替击鼓。在城市，黑人经常互相切磋学习舞步，并且互相比赛竞争。这种互相"较劲"的形式在今天的演出中依然存在。

1921 年，融合了歌舞等的百老汇表演形式开创，使踢踏舞得到了进一步的发展。踢踏舞的发展在近代更是发生了巨大的飞跃，它被广泛地运用到俱乐部娱乐、巡回演出、老汇歌舞以及好莱坞电影等各种场合，成为代表美国的"传统民间舞"，以及具有世界影响力的舞蹈。而且，它更是反过来影响了最初的一些民间舞蹈，比较典型的有爱尔兰舞蹈，反过来吸收了踢踏舞的技术和表演形式，形成了娱乐性很强的，传统与现代相结合的舞台表演形式。

这种类型的踢踏舞演出比较突出地体现了现代娱乐业的发展与包装作用，它充分利用了舞台灯光、布景、音乐及整体策划与情绪煽动，形成了更具观赏性与娱乐性的演出。比较成功的还有澳大利亚的踢踏狗舞团。

踢踏舞与音乐有着非常紧密的联系，甚至有一种说法认为一位伟大的踢踏舞家更是一位音乐家。一般的舞蹈教学在教师示范时主要是模仿动作，然后合音乐。而在踢踏舞的教学中，教师做示范时经常会说："it looks and sounds like……"（看起来和听起来是这样的），这说明不仅仅要看，而且听节奏、感觉节奏更为重要。学会了舞姿不会节奏是不行的，节奏对了舞姿是可以不必完全模仿准确的。

有了好的音乐修养，还可以完全即兴地随音乐表演。另一位踢踏舞大师 Baby Laurence 可以在 16 小节中打出 32 种甚至更多类型的节奏。

随着踢踏舞的发展，舞蹈演员可以用各种方法发出更多不同的声音。最早的舞鞋是整体的木制鞋底和后跟，后来将其分成了前后两个部分，再后来又出现了铁制的鞋掌。有的人还故意将铁掌的螺丝拧松，以发出更多的声音。现在手段就更多了，有的在撒了沙子的地面上跳，有的在电子鼓上跳，追求更多的音响效果。

风格和流派

踏踏舞历经近百年的发展，形成了不同的风格流派。最悠久的流派要算发源于美国本土的，早期被称为"Hoofing"的流派。

后来被纳入百老汇舞台表演形式的踏踏舞可以称为"百老汇风格的踏踏舞"。其总体风格就是载歌载舞，歌舞融为一体。此外，有很多幽默的编排，一般都洋溢着欢快向上的氛围。为了增强娱乐性和观赏性，百老汇的踏踏舞开始注意修饰身体的舞姿，如胯部的摇摆等。另外，百老汇的踏踏舞还增加了道具及布景的使用，以适应舞台表演的需要。

在好莱坞歌舞片盛行的时期，踏踏舞也走向了银幕。它基本上延续了百老汇的风格，为电影观众带来了无数的欢乐。

爱尔兰风格的踏踏舞由于保留了强烈的爱尔兰民间舞蹈传统而自成一派。其重要的特征就是保留了爱尔兰民间舞蹈中身体的舞姿和舞步：上身基本保持直立挺拔，脚步以小腿的动作为主，手臂动作简洁，多为直线的运动。其舞步充满了跳跃性，活泼而欢快。音乐也多运用传统的爱尔兰民间音乐。爱尔兰风格的踏踏舞是独特的、区别于美国踏踏舞的一大流派。

踏踏舞是美国本土的一种舞蹈，已经发展了近三百年。18世纪初，踏踏舞出现在美国南部，最初是传入美国的英国大陆和西非传统音乐与脚步舞蹈的融合。爱尔兰吉格舞（一种音乐和舞蹈形式）和西非吉尔比舞演变成了美国的吉格舞和朱巴舞。这些转变综合起来融合成了一种也被称为"吉格"的舞蹈形式。这种舞蹈形式在19世纪初被滑稽说唱团的黑人和白人舞蹈演员所运用，并将踢踏舞发展成为*19*世纪流行的舞台娱乐艺术。早期风格的踢踏舞穿着硬底的鞋、木屐或是带平头钉的靴子。金属片在*19*世纪末才开始出现在鞋底，然后在年轻人中流行开来并出现在百老汇的舞台上。

踢踏舞鞋

专业的爱尔兰式踢踏舞鞋，底部的"铁片"由玻璃钢制成，从横截面看，玻璃钢部分成 U 字形，厚约*3～4*厘米，与普通的踢踏舞鞋有很大的不同。因为鞋的侧面有玻璃钢，身体舞动时脚可以多种角度击打地面，发出悦耳的声音。

U 玻璃钢鞋跟中间会有一个"空"，专业演员会在 U 型空间里放上麦克风，这样观众可以更清晰地听到不同脚步变换出的节奏，仿佛鞋跟就敲在耳边。

初学者可以选择普通的漆皮踢踏舞鞋，样式有搭襻、系带、漆皮面的和猪皮面的。

踢踏舞鞋小贴士：

也可以去舞蹈用品商店买一副铁片，当然不是普通的鞋掌，是那种专门的踢踏舞鞋铁片，然后找一双耐穿的中跟皮鞋，将铁片钉上就可以了。

怎样选择好的踢踏舞鞋：

（1）面料：采用特殊工艺制造的牛皮，软硬适度，有光泽感和良好的弹性、韧性，有各方面指标证明采用的面料非常适合踢踏舞的用途，抗疲劳程度远远优于人造革，且穿着更舒适。

（2）款式：在款式方面，全包裹式设计更贴合脚面，更有利于脚对鞋的控制，真正感受人与舞鞋的和谐。

（3）踢踏片：主材大都选用锌合金，硬度高，不变形，保证长久使用，电镀过的踢踏片应光亮如镜。

（4）中部软底设计可以让舞者做出新颖的动作，踢踏更加自如，还可以做立足尖及体现舞者个性的动作。

（5）普通的踢踏舞鞋的踢踏片是平整的，踢踏时与地面接触面大，声音效果不佳，如果踢踏片采用中间凸起的设计，使踢踏时对地面压强加大，声音效果更佳，且比平板式更加耐用，不易破碎。

（6）性价比：踢踏鞋的昂贵价格一直让很多踢踏舞爱好者难以接受，人造革面料的踢踏鞋价格虽然较低，但穿着舒适度及耐久性远远不及牛皮制造的踢踏舞鞋。

2．踢踏舞的训练方法

踢踏舞的基本步法

直踢蹋：以趾肚敲地然后抬起（只抬起踝关节）。

向前踢蹋：以趾肚向前敲地，然后抬起（只抬起踝关节）。

向后踢蹋：以趾肚向后敲地，然后抬起（只抬起踝关节）。

跟踢蹋：屈膝，以足跟敲地后快速抬起来。

踢踏舞的起跳方式

有三种方式：

①以一只脚站立。

②以趾肚或动作脚站立。

③快速地一戳。

跟打击：像跟踢蹋一样，只是完成时足跟放下，而且音调上更重。

足趾踢蹋：屈膝，以足趾敲地后快速抬起。

足趾节拍：象足趾踢蹋一样，只是完成时足趾放下且音调上更重。

趾肚踢蹋：以趾肚敲地后快速抬起，可以有三种方式：

①以一只脚站立。

②以足跟或动作脚站立。

③快速地一戳。

趾肚节拍：象趾肚踢蹋一样，但完成时趾肚放下且音调更重。

前刷：比向前踢蹋动作更大，从髋膝开始摇摆。

后刷：比向后踢蹋动作更大，从髋膝开始摇摆。

踢踏舞的舞步训练

跺步：以全脚向下重踏，重心在支撑脚上或在动作脚上。

单脚跳：以一只脚站立，跳起后以同一脚的趾肚着地。

弹跳：以一脚站立，跳起后以另一脚的趾肚轻轻着地。

跌落：以一脚站立，跳起后以另一脚的趾肚或全脚重重地着地。

跳：脚并拢屈膝，跳起后脚并拢着地，可朝向任何方向。

重跺步：以一脚的趾肚站立，向前推脚以脚跟用力击地。

拖滑步：一个向前的平脚跺步，然后离开地面，支撑腿屈膝。

曳步：一个向前和向后踢踏，数节拍或更短。

踢踏弹跳：一个前踢踏后紧接着一个弹跳，可行进亦可原地，动作要轻。

拍击：前踢踏后紧接一个跺步，重心放在动作脚或支撑脚上。

恢复步：双脚略分开站立，向上抬起一脚的脚趾，再以趾肚拍击地面抬起足跟。

恢复步弹跳：恢复步后接一个弹跳，因恢复步须两脚着地，故不能重复。

恢复步单脚跳：恢复步后接一个单脚跳，不能重复。

恢复步换步：一脚站立，屈膝，向上抬起该脚脚趾，以趾肚向后拍击地面，抬起足跟，以另一脚着地。

一脚的恢复步：像恢复步换步中一样，但是以同一脚趾肚着地。

翼状准备：两脚并拢站立向外侧滑动，右脚到侧方，并以足外缘擦地，完成时离开地面并以右脚趾肚向内朝向左脚踢踏地面，完成时右脚在左脚旁边做趾肚节拍。

翼状 3 拍（双脚）：脚并拢屈膝，以足外缘擦地，快速向外移双脚，完成时脚离地，以两脚趾肚向内踢踏地面，以双脚趾肚着地。

翼状 3 拍（单脚）：脚并拢站立，屈膝，以一脚足外缘擦地，快速向外移动该脚，完成时脚离地，以该脚趾肚向内踢踏地面，以该脚趾肚落地。

翼状 3 拍（换步）：像单脚翼状 3 拍一样，但以另一脚趾肚落地。

翼状 4 拍（单脚带趾踢踏）：以右脚做一个翼状 3 拍，左脚在右脚后面做趾踢踏。

翼状 4 拍（钟摆）：做一个右脚的翼状 3 拍，左脚前刷步，右脚做翼状 3 拍，左脚后刷步。

翼状 5 拍：带有跟打击和跟趾踢踢，右脚做翼状 3 拍，右脚跟打击，在右脚后面，左脚趾踢踢。

翼状 5 拍（单脚带曳步）：右脚翼状 3 拍，左脚曳。

第三节　芭蕾舞的学习训练

1. 芭蕾舞的基础知识

芭蕾舞的传统和形成

"芭蕾舞"起源于意大利，兴盛于法国，"芭蕾"一词本是法语"ballet"的音译，意为"跳"或"跳舞"。芭蕾舞最初是欧洲的一种群众自娱或广场表演的舞蹈，在发展进程中形成了严格的规范和结构形式，其主要特征是女演员要穿上特制的足尖鞋立起脚尖起舞。作为一门综合性的舞台艺术，芭蕾舞 17 世纪在法国宫廷形成。1661 年，法国国王路易十四下令在巴黎创办了世界第一所皇家舞蹈学校，确立了芭蕾舞的五个基本脚位和七个手位，使芭蕾舞有了一套完整的动作和体系。这五个基本脚位一直沿用至今。

芭蕾舞用音乐、舞蹈和哑剧手法来表演戏剧情节，女演员舞蹈时常用脚趾尖点地。意指：①一种舞台舞蹈形式，即欧洲古典舞蹈，通称芭蕾舞。这是在欧洲各地民间舞蹈的基础上，经过几个世纪不断加工、丰富、发展而形成的，具有严格规范和结构形式的欧洲传统

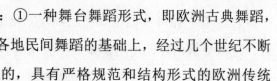

舞蹈艺术。*19*世纪以后，技术上的一个重要特征是女演员要穿特制的脚尖舞鞋用脚趾尖端跳舞，所以也有人称之为"脚尖舞"。②舞剧，最初专指以欧洲古典舞蹈为主要表现手段，综合音乐、哑剧、舞台美术、文学于一体，用以表现一个故事或一段情节的戏剧艺术，称"古典芭蕾"（或古典舞剧）。*20*世纪出现了现代舞以后，以现代舞结合古典舞蹈技术为主要表现手段来表现故事内容或情节的称"现代芭蕾"。逐渐地，"芭蕾"一词也用来泛指用其他各种舞蹈为主要表现手段的舞剧作品，尽管在舞蹈风格、结构特征、表现手法等方面均不同于古典芭蕾或现代芭蕾。③在现代编导创作的舞蹈作品中，有相当一部分没有故事内容，也没有情节，编导运用欧洲古典舞蹈或现代舞蹈，或

使两者相结合，用以表现某种情绪、意境，或表现作者对某个音乐作品的理解等，这些也称为"芭蕾"。

ballet 一词，源于古拉丁语 ballo。最初，这个词只表示跳舞，或当众表演舞蹈，并不具有剧场演出的含义。芭蕾舞作为一门舞台艺术，孕育于文艺复兴时期意大利盛大的宴饮娱乐活动，*17*世纪形成于法国宫廷，这种宫廷芭蕾实际上是在一个统一的主题下，具有松散结构的舞蹈、歌唱、音乐、朗诵和戏剧的综合表演，由专业的舞蹈教师设计，国王和贵族担任演员，女角也由男子扮演，表演场地在皇宫大厅中央，观众则围绕在大厅周围观看；演员戴皮制面具标志不同角色，故又称"假面芭蕾"。

*1661*年，路易十四下令在巴黎建立皇家舞蹈学院。*17*世纪*70*年代，芭蕾舞演出开始使用黎塞留主教宫廷剧场。演出场地和观众观看角度的改变，引起了舞蹈技术和审美观点的变化，演员站立的姿势越

来越外开，由此正式确定了脚的 5 个基本位置，这 5 个外开的位置成为发展芭蕾舞技术的基础。专业芭蕾舞演员应运而生，并逐步取代了贵族业余演员，职业女芭蕾舞演员也开始登台演出，舞蹈技术得以较迅速地发展。芭蕾舞演出从基本上是从一种自娱性的社交活动逐步转变为剧场表演艺术。这个时期的芭蕾舞是从属于歌剧的，宫廷作曲家吕利在歌剧中加入芭蕾场面，实际上是一连串舞蹈表演，剧情反而显得无关紧要，这时称为"歌唱芭蕾"或"芭蕾歌剧"。这种状况一直持续到 18 世纪中叶。18 世纪的芭蕾舞大师诺韦尔是芭蕾舞史上最有影响的舞蹈革新家。他在 1760 年出版的《舞蹈与舞剧书信集》中首次提出了"情节芭蕾"的主张，强调舞蹈不只是形体的技巧，而属于戏剧表现和思想交流的工具。诺韦尔的理论推动了芭蕾舞的革新浪潮，在他和其他许多演员、编导的持续努力下，芭蕾舞从内容、题材、音乐、舞蹈技术、服饰等方面都进行了一系列改革，这些改革使芭蕾舞终于能够与歌剧分离，形成一门独立的剧场艺术。

在芭蕾舞发展史上，主要有两种美学观点一直在起作用。一种观点认为，芭蕾舞是"纯粹的舞蹈"，16 世纪的意大利舞蹈教师、《皇后喜剧芭蕾》的编导博若耶认为，芭蕾舞是"几个人在一起跳舞的几何图案组合"。这种观点完全着眼于芭蕾舞的形式美，几乎完全不考虑芭蕾舞的内容或情节，往往导致单纯追求技巧的高超、华丽。18 世纪中叶以前，这种观点在芭蕾舞创作中居统治地位。另一种观点强调芭蕾舞是"戏剧性舞蹈"，诺韦尔的"情节芭蕾"理论最集中地代表这种观点。他认为在一部芭蕾舞作品中，舞蹈要表现戏剧性内容，"情节和舞蹈设计要保持统一，有合乎逻辑的、明白易懂的故事做中心主题，和情节无关的独舞及舞蹈片段都要取消"，舞剧中"不仅是舞蹈技术光辉夺目，更须通过戏剧性表现，从情绪方面感动观众"。上述两种主要观点至今仍在起作用，不少编导致力于创作戏剧性的或有情节的芭蕾舞作品，也有的编导热衷于无情节芭蕾，注重形式美，两类作品中的优秀剧目都是观众所欣赏的，并作为保留剧目经常上演。20世纪以来，各种文艺思潮对芭蕾舞创作的影响越来越明显，出现了许多不同风格的作品。

创作一部芭蕾舞作品，编导是关键人物，他根据文学剧本（或一个故事、一首诗、一部音乐作品）构思出舞剧结构或舞蹈结构，再由演员来体现。编导和演员都必须掌握芭蕾语言（或芭蕾语汇）——芭蕾技术技巧，以及运用芭蕾语言表现特定内容或情绪的能力，编导应该深谙它们长于表现什么，不能表现什么；而演员则应该训练有素，能适应并创造性地体现编导的构思，只有具备这些基本条件，芭蕾舞创作才能进行和完成。芭蕾舞结构形式有：独舞、双人舞、三人舞、四人舞、群舞等，编导运用古典舞、性格舞（舞台化的民族舞蹈和民间舞蹈）、现代舞等，按上述形式可以编出多幕芭蕾（分场或不分场，如《天鹅湖》）、独幕芭蕾（如《仙女们》）、芭蕾小品（如《天鹅之死》）等。芭蕾舞的这种结构形式在19世纪后期发展到高度规范化和程式化，以致影响和限制了芭蕾舞的发展。在20世纪编导创作的大量芭蕾舞作品中，这些规范和程式已被大大突破，不断出现新的探索和创造。

世界芭蕾舞发展概况

宴会芭蕾

芭蕾舞出现于 *15—16* 世纪文艺复兴全盛时期的意大利，艺术家极力模仿古希腊的艺术风格。最早的芭蕾舞表演是在宫廷宴会上进行的，*1489* 年在意大利的一个小城里，为庆祝米兰公爵和西班牙阿拉贡公主伊达贝尔的婚礼，演出了《奥菲士》。当时的表演形式与我们今天所见到的芭蕾演出截然不同，它的每一段表演大致都与上菜联系在一起，如模拟狩猎的表演开始以后就吃野猪肉；海洋、河流生物出场开始吃鱼。然后，许多人扮演神话人物上场献上许多菜肴和水果，最后客人也都参加到热闹狂欢的表演中去。这是一种把歌、舞、朗诵、戏剧表演综合起来的表演形式，可以说是芭蕾的雏形，后人称它为"宴会芭蕾"。

宫廷芭蕾

随着意大利贵族与法国宫廷的通婚，意大利的"芭蕾"演出被带入法国。*1581* 年，在亨利三世皇后妹妹——玛格丽特的结婚庆典上演出了《皇后喜剧芭蕾》。当时没有舞台，观众坐在三面墙壁的两层楼廊里。国王和显贵坐在坛台上，表演则在大厅的地板上进行。编导者博若瓦叶就是受聘于法国的意大利人。内容表现女妖西尔瑟如何征服了阿波罗，但不向法兰西国王陛下屈服。表演是戏剧、音乐、舞蹈、朗诵、杂技的混合体。路易十四时期（*1643—1715* 年），法国芭蕾发展到它的鼎盛时期，路易十四本人喜爱舞蹈，并受过良好训练。*15* 岁即参加宫廷芭蕾《卡珊德拉》的演出，扮演阿波罗神。

情节芭蕾

18 世纪欧洲启蒙运动深刻地影响着法国芭蕾的发展。它的革新思想表现在反对把芭蕾舞当作供贵族消遣的装饰品，要使芭蕾舞像戏剧一样，表现现实生活，提倡芭蕾舞要有社会内容和教育意义，这就是"情节芭蕾"产生的时代背景。诺韦尔代表了欧洲芭蕾革新的主流，集中体现了启蒙运动的民主主义精神，他在《舞蹈和舞剧书信集》中，提出了他对芭蕾舞的革新主张。诺韦尔的学生——让·多贝瓦尔所创作的舞剧《无益谨慎》至今还在上演，成为当代各大芭蕾舞团的保留剧目。

浪漫主义芭蕾

浪漫主义芭蕾是芭蕾舞发展史上的"黄金时代"，在舞蹈技巧、编导艺术及演出形式方面都经历了一个灿烂辉煌的阶段。《仙女》《吉赛尔》《艾斯米拉达》《海盗》等舞剧的产生，造就了一批芭蕾人才，如佩罗、布农维尔、塔里奥尼、艾尔斯勒等。这个时期的芭蕾特点概括如下：

（*1*）内容和题材的变化。超凡脱俗的仙女等代替了神话传说和古代英雄故事中的人物。反映一种对现实不满和失望的情绪，一种追求超越尘世的对另一世界的情趣，或以死亡摆脱对现实的失望，或以一种不切实际的追求代替对生活的愿望。其中，代表作有《仙女》（*1836* 年）和《吉赛尔》（*1841* 年）。《吉赛尔》汇集法兰西风格，成为浪漫主义芭蕾的顶峰，此后逐渐出现了浪漫主义和现实主义相结合的现象。

（2）舞蹈技巧和表演都有了重大发展，脚尖舞技巧成为女舞蹈家表现手段的一个重要因素出现，男子舞蹈技巧也有了进一步的提高。

（3）在演出形式上，采用了瓦斯灯的照明和大幕，改革了芭蕾舞服装和舞鞋，产生一种诗意轻盈的风格。

浪漫主义芭蕾的黄金时代极其短暂，从 19 世纪三四十年代，仅仅 10 多年就出现停滞枯萎的局面。从 19 世纪下半叶开始，欧洲芭蕾的中心逐渐移至俄国。

俄罗斯芭蕾

随着社会的发展，芭蕾舞逐渐从宫廷娱乐性舞蹈变成有情节的芭蕾舞步入剧场，演出了带有社会生活内容的舞剧。

19 世纪，浪漫主义思潮亦对芭蕾舞艺术产生了深刻影响。芭蕾舞从内容到形式都发生了根本性变化。反映民间神话传说、仙女花神、精灵鬼怪等故事成了芭蕾舞创作的主要题材。女演员成为主角，服装改成了短裙，脚尖舞成为芭蕾舞的基本要素。这种足尖站立的技艺，把舞蹈者的身体向上提升，适合表现轻盈的体态及表达追求与渴望的情绪。

19 世纪下半叶，欧洲浪漫主义芭蕾走向衰落，复兴芭蕾舞的使命历史地落在俄国肩上。从 19 世纪 40 年代起，各国舞蹈家频繁访俄。塔里奥尼父女、佩罗、圣·莱昂等人的表演和编导活动，特别是布农韦尔的学生约翰逊（在圣彼德堡）和布拉斯（在莫斯科）的教学活动，向俄国舞蹈界传授了法兰西、意大利两大舞派的精华，并逐渐形成了新的学派——俄罗斯舞派。在剧目建设上，彼季帕和伊凡诺夫起了决定性的作用。*19* 世纪末，柴科夫斯基作曲的《天鹅湖》《睡美人》、《胡桃夹子》等芭蕾舞剧在俄国和各国相继上演，世界芭蕾舞艺术的中心，就由巴黎转到了彼得堡。特别是柴科夫斯基的音乐，给舞剧音乐带来了丰富的形象内容、戏剧性的动力和交响性的发展。不仅是芭蕾舞的典范作品，亦成为世界乐坛上的不朽作品。实现了舞剧音乐的革新，使音乐成为舞剧中塑造形象、叙述事件的基础，启发和丰富了舞剧编导的舞蹈交响化的思想。《天鹅湖》第二幕达到了舞蹈诗的高峰，被奉为交响化舞蹈的范例。以后又有格拉祖诺夫写出的《雷蒙达》（*1898*年）、《四季》（*1906* 年），这些作品在继承浪漫主义芭蕾传统的同时体现了俄国现实主义传统。

20 世纪初，俄国芭蕾已在世界芭蕾舞坛中占据主导地位，拥有自己的保留剧目、表演风格和教学体系，也涌现了一批编导和表演人才。此后，一批俄国芭蕾舞界的年轻人要求革新、探索新的表演手段和发展道路。戈尔斯基和福金就是他们的带头人。福金的革新思想不可能在帝国剧院内实现，他的主要作品都是在国外为佳吉列夫芭蕾舞团排练上演的。佳吉列夫从 *1909* 年起连续 *3* 年组织俄罗斯演出季，并于 *1913* 年成立以蒙特卡罗为基地的永久性剧团——"佳吉列夫俄罗斯芭蕾舞团"，在欧美各地巡回演出，影响巨大，把由俄国保存的古典传统剧目送回欧洲，促成欧洲芭蕾的复兴。该团解散后，它的成员流散欧美各国，利法尔在法国，德瓦卢娃在英国，巴兰钦和福金在美国，对各国芭蕾复兴或创建做出了重要贡献。

当代芭蕾

1929 年末，利法尔成了巴黎歌剧院芭蕾舞团的常任舞蹈编导和主要舞蹈演员，一直到 *1958* 年离开，实际上进行了一次改革，如废除了赞助人可以在芭蕾舞演出之前到后台去与舞蹈家闲聊的持续了一个世纪的古老权利，还有每周举行一次开幕式。*1932* 年重演《吉赛尔》时，利法尔饰演阿尔伯特，他是一个才华横溢的人。法国两大编导家，罗兰·佩蒂 *1965* 年根据雅勒的音乐编导了《巴黎圣母院》，获得了辉煌的成功。莫里斯·贝雅 *1970* 年编导的《火鸟》是一个最别致的作品。巴黎歌剧院芭蕾舞团的保留剧目还有《吉赛尔》《葛蓓莉娅》《西尔维娅》等。

英国芭蕾主要归功于三个伟大女性的毕生经营：在皇家剧院担任多年首席女芭蕾舞蹈家的阿德莉娜·热奈夫人；妮娜特·德·瓦卢娃夫人的不朽功业是皇家芭蕾舞团；玛莉·兰伯特夫人，是以她的名字命名的芭蕾舞团的创始人。此外，还有节日芭蕾舞团、苏格兰芭蕾舞团。

美国没有国家芭蕾舞团，巴兰钦与林肯·柯斯坦在 *1933* 年一次会见，应邀主办美国舞蹈学校。*1948* 年转化为纽约市芭蕾舞团，巴兰钦任艺术指导和主要编舞家，副艺术顾问是杰罗姆·罗宾斯。已经形成一种典型的美国舞蹈风格。另一重要芭蕾舞团是美国芭蕾剧院，*1940* 年开始活动。先后担任编导的有福金、马辛、安东尼·都铎等。还有乔弗里芭蕾舞团，阿瑟·米切尔的哈莱姆舞蹈剧院，是第一个黑人古典芭蕾舞团。

丹麦皇家芭蕾舞团是丹麦民族传统的优秀继承者，布农维韦 *100*

年前创作的舞剧，仍然在哥本哈根以纯正的风格进行演出。（实际上是旧式法国风格）在丹麦芭蕾中，传统意识一向是非常强烈的。1932年，哈拉尔德·兰德尔被任命为皇家剧院芭蕾指导，一直到1952年，他为法国、英国重排的《练习曲》，是对芭蕾舞技巧的一次辉煌的展览。

20世纪初有影响的俄国编导有戈尔斯基、普尼和福金。安娜·芭甫洛娃理想地体现了福金的构思，1905年有《天鹅之死》。

在俄国，十月革命后，戈尔斯基坚持戏剧的表现性，使它的舞蹈演员采取史坦尼斯拉夫斯基的方式生活于角色之中，原本产生于宫廷的芭蕾舞并没灭亡。1927年，在莫斯科演出了《红罂粟花》，是俄国第一部英雄主义的现代题材的舞剧，标志着古典学派的胜利，指出了追随的准绳，古典芭蕾博得了新的声誉。谢苗诺娃和乌兰诺娃首次登台，新创作的舞剧注重戏剧结构，更多地运用民间舞蹈来丰富舞蹈编导的语汇。俄国芭蕾开始了复兴。

从1581年法国演出《皇后喜剧芭蕾》至今400多年，芭蕾舞已遍及全世界，被公认为人类文化遗产的重要部分，成为世界性的艺术，五大洲的众多国家都建立了自己的专业的芭蕾舞学校和芭蕾舞演出团体。在当今世界上，芭蕾舞艺术繁花似锦，古典芭蕾和现代芭蕾、戏剧芭蕾和交响芭蕾等不同流派争奇斗艳，涌现出大批人才和剧目，很多国家逐步形成自己的风格特色，在芭蕾舞的艺术表现上不断出现新的探索和创造。

芭蕾舞的标志

在观众看来，用脚尖跳舞的芭蕾舞女演员轻松愉快。女演员脚上那粉红色的芭蕾舞鞋是那么优美高雅，让人想起这是一项崇高的艺术。但是，实际上，用脚尖跳舞十分困难。

那些献身芭蕾舞艺术、探索其奥秘的人并不愿意把秘密公布于众。如果揭开芭蕾舞鞋的秘密，似乎芭蕾舞之谜也就不复存在。

芭蕾舞鞋能够承受的巨大的荷重，可以跟足球鞋承受的荷重相提并论，其关键在鞋尖。鞋尖不仅柔软，而且具有相当大的安全系数。即使跳起时鞋尖断裂，女演员保证不会残废。

俄罗斯著名的"格里什科"公司生产的芭蕾舞鞋从非洲到墨西哥，在30多个国家受到欢迎。

芭蕾舞鞋鞋尖用生产紧身胸衣的面料，如缎子缝制而成。"格里什科"的专家得出结论，芭蕾舞鞋最合适的颜色——桃皮色，既不刺激观众，又能安抚女演员本人，而不是通常许多国家的那样——粉红色。

芭蕾舞鞋鞋尖的最大奥秘在于使女演员得以用脚尖跳舞的"鞋盒"。"鞋盒"藏在鞋尖里。"鞋盒"实际上是一种硬套，套住脚趾和一部分脚面。"鞋盒"不用木头、塑料、软木等材料，而由6层最普通的麻袋布或其他纺织品粘合而成。"格里什科"公司拥有胶粘剂的专门技术，让鞋尖既不太硬，又不太软，也不易折断。

鞋尖手工缝制，然后连同"鞋盒"里面朝外同鞋的其余部分缝到一起。之后，鞋匠把鞋尖翻回来，用小锤把"鞋盒"弄平顺。当没有不平的地方后，让鞋在硬物上直立起来，看看能否保持平衡。最后，让舞鞋在50℃的条件下晾干，存放在室温下。一双芭蕾舞鞋准备好了。

一双芭蕾舞鞋的寿命短得令人遗憾：上场演出 2 ～ 3 次。"格里什科"舞鞋的记录是大剧院的独舞女演员娜杰日达·格拉乔娃跟基特里合作，在芭蕾舞剧《东基霍特》里跳了 9 场。

为了适应不同高度的脚面，芭蕾舞鞋总共有 3 种型号："瓦加诺瓦""埃利塔""富埃捷"。每种型号又分 17 种尺寸。此外，每种尺寸又有 5 种宽窄情况。任何一个女演员都可以从厚薄、大小、宽窄不同的 255 种鞋中，挑选适合自己的理想的鞋。尽管如此，为了让鞋更适合自己的脚，每个女演员各有高招：一些人用小锤敲打鞋，另一些人用门挤压鞋，还有一些人用五花八门的东西垫进"鞋盒"里……

俄罗斯芭蕾舞女明星叶卡捷琳娜·马克西莫娃承认，在没有足够选择的年代里，每推出新剧目，她都要花费整整一天时间来让脚适应舞鞋。

还有一件事没有提到，每个女演员通常都会亲自动手给舞鞋缝上小丝带。

至于男演员，穿所谓的软鞋——在外行看来跟普通的布鞋差不多。其生产工艺跟女演员的当然无法相比，但也有自己的精致之处。软鞋分两种：整鞋底和分鞋底。分鞋底由两部分组成：鞋前部和脚后跟。正是鞋前部让男演员的脚穿在里面舒舒服服，自由自在。

如何欣赏芭蕾舞

欣赏芭蕾舞，大致上有两条思路：一条是传统的；另一条是现代的。一般主张欣赏的方法与欣赏的对象相统一，即用一丝不苟的传统思路，去欣赏"早期""浪漫"和"古典"这三个传统时期的芭蕾舞剧、音乐型芭蕾和纯粹型芭蕾。

传统的欣赏思路要求观众提前半小时左右到达剧场，以便能将日常生活中的琐事和烦恼，统统留在剧场的大门外或衣帽间那个尘世的空间里，然后静下心来，全身心地投入剧场这样一个非常特殊的，与马路上的拥挤、菜市上的吵闹、单位里的纠纷、家庭里的琐事毫不相干的审美场，进入《仙女》《吉赛尔》《葛蓓莉娅》这样一个人造仙境，进入《睡美人》《胡桃夹子》《天鹅湖》这样一个梦幻世界，一连几个小时逃避一下都市的喧嚣和精神的压力。接下来，我们还可以用心地研究一下节目单，细读一下剧情梗概、有关评论、舞团简史、编导和舞者介绍等各种有关材料，寻找一下受人欢迎的芭蕾舞演员，想象一下另人陶醉的音乐名曲，期待一下奢侈华丽的服装和富丽堂皇的布景……

现代的欣赏思路对观众没有任何苛刻的要求，而是在欣赏的过程中强调观众无须任何先人之见，只需用各不相同的理性知识来理解，用来自生活的感性经验来参与即可。

这种欣赏思路认为，芭蕾舞剧说到底，还是以舞为主，以剧为辅的按照自己的审美标准，而不是跟着评论家的意见跑；寻找自己欣赏的演员，而不是随波逐流，这才是最重要的。

中国芭蕾舞的历程

如果说 *1581* 年法国《皇后喜剧芭蕾》的上演，一直被视为芭蕾舞剧之初始——雏形的话，芭蕾舞在中国的传播与发展几乎晚了 *3* 个多世纪。不过，起步虽晚，却是飞跃前进。

20世纪初，曾有外国的芭蕾舞团来中国演出，但规模有限。此后，陆续有俄罗斯侨民来中国开办业余私立芭蕾舞学校，以上海市、天津市、哈尔滨市等地较有影响——对中国的芭蕾舞启蒙教育有积极作用。毋庸置疑，芭蕾舞剧在中国的真正兴起和发展，也是在中华人民共和国成立之后，这与中国政府对一切具有世界意义的优秀文化艺术都采取积极吸纳、支持的基本方针具有密切的关系。

最初，对中国芭蕾具有影响力的是俄罗斯学派。从1954年2月第一位苏联专家奥·阿·伊莉娜应邀来京开办第一期"教师训练班"起，到1958年中国上演第一部经典芭蕾舞剧《天鹅湖》，中国芭蕾实现了初创期的神速"三级跳"。在此期间，谙熟芭蕾舞艺术的戴爱莲也发挥了重要作用。

第一期"教师训练班"的学员（大都接受过一定的芭蕾舞训练），以半年的时间，奇迹般地完成了苏联舞蹈学校1—6年级的教学大纲，通过严格的考试全部合格。他（她）们成为同年创建的北京舞蹈学校芭蕾舞专科的教学骨干。此后，在实践中不断提高，成长为真正的芭蕾舞教育家——培养出一批又一批优秀人才。实现"三级跳"的重要举措是边训练，边实践演出。这一时期常有著名苏联芭蕾舞艺术家来华演出，精湛的表演吸引了众多的观众，中国人逐渐熟悉、喜爱起芭蕾舞这门艺术。

1958年10月，在古谢夫的指导下，北京舞蹈学校集中全力，成功地上演了世界著名经典芭蕾舞剧《天鹅湖》（奥杰塔扮演者白淑湘）全剧，引起国内外强烈反响。通过严格排练，高速度地造就了一支具有多方面人才的芭蕾舞剧队伍。如今,《天鹅湖》已在中国"落户"——成为对观众最有号召力的芭蕾舞剧目。1959 年底,北京舞蹈学校实验芭蕾舞剧团成立,这是中国有史以来第一个专业芭蕾舞团。1960 年,上海成立了与北京建制相同的舞蹈学校,也承担起培养专业芭蕾舞人才的任务,从此南、北遥相呼应,努力开拓芭蕾事业的新局面。继《天鹅湖》之后,1959 年、1960 年,在古谢夫的指导下,又陆续成功地上演了《海侠》《吉赛尔》,年轻的中国芭蕾队伍承担这两部风格不同的著名芭蕾舞剧已显得比较从容。

这一时期中国派出了蒋祖慧、王锡贤等先后到莫斯科国立戏剧学院舞剧编导系进修,成绩都很优异。回国后,蒋祖慧推出了她的毕业作——《西班牙女儿》(根据文艺复兴时期欧洲著名作家洛贝·德维加的著名诗剧《羊泉村》改编,1961 年天津歌舞剧院首演,王锡贤在北京指导上演了他的毕业作《泪泉》(根据俄罗斯诗人普希金的著名长诗改编,北京舞蹈学校实验芭蕾舞剧团首演)。

1963 年,中央歌剧舞剧院成立,学校附属的芭蕾舞剧团结束了其实验阶段,归属了国家级剧院。不久,蒋祖慧又执导了一部著名芭蕾舞剧——《巴黎圣母院》(根据法国著名作家雨果的同名小说改编,中央歌剧舞剧院首演)……短短 10 年间,中国的编导、演员基本上已可独立驾驭经典芭蕾舞剧的创作、排练、舞台演出了。

从 1964 年起,开始了中国芭蕾舞剧的创作实践。事实上,第一代芭蕾舞剧编导大都是从学习民族舞蹈转向芭蕾舞专业的,他(她)们的民族文化背景,无疑有助于芭蕾舞剧民族化的探索。大型中国芭蕾舞剧《红色娘子军》的上演,虽不是严格意义的"首开纪录"(在此之前，已有过不同类型、不同规模、不同成效的芭蕾舞民族化探索），却可以说是第一部最成功的大型中国芭蕾舞剧——从内容到形式都具有鲜明的中国风格、中国气派。

《红色娘子军》1964年首演，编导：李承祥、王锡贤、蒋祖慧。作曲：吴祖强、杜鸣心等。首演者：中央歌剧舞剧院。女主角：白淑湘饰琼花；吴静珠饰连长。男主角：刘庆棠饰洪常青；李承祥饰南霸天。主要女配角：赵汝蘅饰琼花战友；万琪武饰老四。它是根据同名电影改编而成的，讲述中国第二次国内革命战争时期的故事：受尽折磨的琼花，因不堪忍受地主南霸天的压迫，逃离虎口，巧遇红军党代表洪常青，经过他的引路，琼花参加了娘子军，历经磨炼和考验，成长为卓越的革命战士，洪常青牺牲后，她接过红旗英勇向前。这部舞剧以震撼人心的悲壮情节、恢宏绚丽的场面、鲜明的人物形象及海南岛的地域风情，从诞生起，就赢得多方好评。它在芭蕾舞台上破天荒地塑造了英姿飒爽的"穿足尖鞋"的中国娘子军形象，将芭蕾舞的精华与中国的气派融为一体，为世界芭蕾舞坛增添了一朵奇葩。

由胡蓉蓉、傅艾棣、程玳辉、林秧秧创作的《白毛女》，与《红色娘子军》同期出台，平分秋色，它是中国芭蕾舞剧的又一成功探索。

《白毛女》1965年首演，作曲：严金萱。首演者：上海芭蕾舞团。女主角：蔡国英（A）、茅惠芳（B）饰喜儿；顾峡美（A）、石钟琴（B）饰白毛女。男主角：凌桂明饰大春。主要男配角：董锡麟饰杨白劳。它根据同名歌剧改编，讲述贫苦农民的女儿——喜儿，被迫被卖给恶霸地主黄世仁抵债，不堪凌辱，逃入深山。长年风餐露宿，头发变成了白色，不知情者称其为"白毛仙姑"。最后，她被八路军所救，与年轻时的恋人——已是八路军战士的大春团聚。歌剧《白毛女》以真实的故事，感动了中国千千万万的老百姓。

这部芭蕾舞剧并未因循于原作——走捷径，而是根据芭蕾舞艺术特点，进行了再创造。它巧妙地运用了中国古典舞、民间舞的素材，以写实与浪漫相结合的方法将剧情予以芭蕾化的展现。对于剧中主要人物：喜儿的纯真、甜美和变成"白毛女"后的坚韧、刚毅；大春的朴实、敦厚及参军后的英勇、干练；黄世仁的阴险、毒辣等都刻画得比较鲜明、生动。

《红色娘子军》与《白毛女》，在中国芭蕾舞剧发展史上具有里程碑的作用。它们是"洋为中用"更深层次的实践，以其独有的中国特色自立于世界芭蕾艺术之林。集体智慧弥补了经验不足，使芭蕾舞中国化的探索，起点较高，起步很快。经受了时间与社会的检验，《红色娘子军》与《白毛女》依然葆有其艺术生命力。这两部作品都被确认为"20世纪经典"。文艺复苏期在芭蕾舞领域中的表现，首先是恢复西方芭蕾舞经典保留剧目的演出，使广大观众在久违多彩的芭蕾艺术之后，掀起了一阵《天鹅湖》的狂热。

新时期的中国芭蕾

首先是以更开放的眼光，面向世界广泛吸收、借鉴，而不只局限于单一的俄罗斯学派的影响。从20世纪80年代初，陆续有来自英、法、德、瑞士、加拿大等国的著名芭蕾舞艺术家以友好交流的形式传授技艺。先后有安东·道林、著名芭蕾舞编导本·史蒂文森等在中央芭蕾舞团指导排练了他们自己的作品：纯古典风格的男、女《四人舞》

《前奏曲》，以及著名芭蕾舞艺术大师巴兰钦的《小夜曲》等，其中大部分已成为该团经常上演的保留舞目。

此外，*10* 多年间，中国陆续上演了多部不同风格的西方经典剧目。例如：*1980* 年，由巴黎歌剧院芭蕾舞大师莉塞特·桑瓦尔亲自指导，中央芭蕾舞团演出了法国浪漫主义的著名芭蕾舞剧《希尔维娅》；*1984* 年，由英国著名芭蕾舞艺术家贝琳达·赖特和尤里沙·捷尔考夫妇重新排练演出了安东·道林版的《吉赛尔》；*1985* 年，在世界级芭蕾舞艺术家鲁道夫·纽瑞耶夫和芭蕾舞大师尤金·波里亚柯夫等亲自指导下演出了《唐·吉诃德》；还有《罗密欧与朱丽叶》（*1989* 年，罗曼·沃克执导）及《睡美人》（*1994* 年，麦克米伦版，莫里可·帕克执导）……均很成功。特别是纽瑞耶夫以自己无以伦比的精湛技艺和对戏剧人物的深刻理解，结合中央芭蕾舞团的实际，进行了严格训练，大大促进了演员水平的提高——在中国芭蕾舞史上留下了珍贵的一页。在上述诸多国际交流活动中，戴爱莲起到了很好的桥梁作用。与此同时，北京舞蹈学院坚持学习与实践相结合的好传统，陆续上演了《葛蓓莉娅》（*1979* 年）、《舞姬》（*1981* 年）；上海芭蕾舞团上演了《那波里》（又名《渔夫与新娘》）第 *3* 幕；天津歌舞剧院复演了《西班牙女儿》（*1982* 年）；此外，于 *1981* 年组建的辽宁芭蕾舞团推出了《海侠》（*1983* 年）……这不仅丰富了群众的文化生活，而且经过世界各国芭蕾舞权威指导演出纯正的古典芭蕾名作，使新一代芭蕾舞人才迅速成长。

形体芭蕾与专业芭蕾的区别

形体芭蕾是由芭蕾舞延伸而来的。健身方式的芭蕾，大家习惯称之为"形体芭蕾"。专业的芭蕾舞训练是很枯燥的，而形体芭蕾则以健身为目的，难度较低，它不要求腿踢多直、脚抬多高、动作做得多么规范，它只是教会你如何把芭蕾舞特有的那种优雅内涵融入自己的生活方式中。而且从运动学角度讲，芭蕾舞的"开、蹦、直"三要素具有收缩肌肉的功能，在动静结合的运动中能够有效地消耗多余脂肪，使人练后身材会变得更修长。因此，虽然也有体力上的消耗，也是做运动，但形体芭蕾的动作更强调肌肉的耐力、身体的柔韧性，运动强度不是很大，一般人都能接受。

2．芭蕾舞的训练方法

开肩、开胯、开膝、开脚尖的姿态，腿部的外开、上身的挺拔、直立、双腿到脚尖的绷直、腿和手臂的伸展，构成了芭蕾舞造型的特点。这些特点给人一种袒露的、直接的，而又优雅庄重的美感，显示着欧洲文化推崇备至的典雅、高贵的气质和对人体造型美的追求。芭蕾舞艺术的一系列基本动作，变化多样的舞姿、步法和旋转的技巧，都建立在这一审美观念上。

芭蕾舞的整个技术由 5 个脚位、12 个手臂位置和 7 个手位组成。三个基本舞姿——阿拉贝斯克（arabesque）、阿蒂丢德（attitude）、艾卡泰（ecarte），腿步技巧如各种巴特芒（battement），包括腿的伸展、射出、打开、屈伸、抬腿、踢腿等，以及脚划圆（Rond de jambea Terre），各种幅度和各种舞姿的跳跃动作、各种旋转和转身技巧、各种舞步和连接动作，都是练习芭蕾舞之前需要了解的。

芭蕾舞训练入门

芭蕾舞主要分地面素质训练、扶把训练、脱把训练等基本训练方式，初次练习最好采取循序渐进的方式进行，否则很难达到预期的效果。

坐在地上做勾脚背的动作是第一次练习时要做的动作，随后可以做盘脚压胯的动作，接着就是仰卧吸腿练习。当然，侧卧旁吸腿、俯卧后吸腿、腰部训练、仰卧前大踢腿也是需要练习的动作。

这一部分的训练主要锻炼运动系统的软度、开度和力度，并且是舞蹈训练的一个重要部分，是学习舞蹈的人必须具备的条件之一。这三点能够运用自如才能充分地展示人体动作的幅度、线条和技巧，同时还能增强表现力和拓展表演领域。

这些动作可以帮助打开肩部和胯部关节韧带，加强腰的柔韧性，增强腿部和后背肌群的弹性和力量。而且两腿因坐在地上而减轻了支撑人体体重的负担，可以充分伸展和拉长各部位的韧带。地面训练对于非舞蹈专业者来说收获较大，所以一定要先从地面训练开始。

扶把训练

扶把训练是指训练的时候扶着固定的物体进行的训练。常见的有擦地、半蹲、全蹲、小踢腿、划圈等动作。单腿蹲和小弹腿也是相当重要的训练动作，而大腿踢和压腿是我们经常能够在图片、电视或电影中看见的。练习的时候，需要扶着训练场地专用的栏杆，将一条腿踢出，刚开始的时候可以低一些，以后要逐渐增高，直到踢过头顶，两条腿要交替练习。

压前腿、压旁腿、压后腿三种动作对于解决腿的软度、胯的开度和收胯的能力是非常重要的。向前、向侧方、向后压腿的时候，也要从较低难度做起，否则可能会拉伤韧带和肌肉，欲速则不达。

以上这套扶把训练如果想保持理想形体和改善气质，应该每天坚持练习。当然，这些训练动作同时也是芭蕾舞中最基本的练习，可以使脊柱、臀、脚踝、臂充满活力。

脱把训练

以上基本动作训练到位后，就要开始脱把训练了。与以上的动作相比，脱把训练是难度较大的训练。这些动作分为手位与脚位的训练，如手臂波浪形的舞动、脚做划圆等动作，而且还有以前做过的大踢腿，但是这次没有了支撑。与前面的训练相比，增加的练习有跳跃练习。小跳可以分为一位小跳、二位小跳、五位小跳。中跳是随后的训练，主要以原地跳为主，分为一位中跳、二位中跳、单起双落方法和双起单落方法。最后就是大跳了。需要注意的是，要循序渐进才可以达到预期的效果。

以上离把基本功训练，是将臂、腿、弹跳等配合舞姿造型而组成的小组合，既能训练身体的基本能力，也能调整身体的基本姿态。

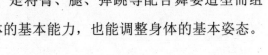

结束运动

最后的结束运动，其主要目的是调整呼吸和舒缓身体，所以也是不应该忽视的训练动作。

芭蕾舞训练，主要以"开、绷、直、立"四大原则为审美观，使肩、胸、胯、膝、踝五大关节向外打开，以腿脚动作为主，目的是最大限度地延长舞者肢体原有的线条，扩大运动范围及幅度，提高身体在运动中的灵活性、协调性和平衡能力。培养高贵优雅的气质也是练习芭蕾舞可以起到的作用。

芭蕾舞的着装要求

舞姿优美的芭蕾舞，着装有其特有的风格，体现着女性特有的优雅体形。但是需要提醒的是，练功服绝不仅仅是为了美丽，每一件装备都是有其明确作用的。但在欧洲，传统习惯于女士着黑色紧身衣及粉色紧身裤袜。

就颜色而言，成人形体芭蕾对着装没有特殊要求。由于在练习芭蕾的过程中，过长的头发会影响视线，所以髻是比较实用的发型，这种发型还可以使头颈部的线条优雅清晰。

芭蕾专用软鞋是着装中最为特殊的了。一般来说，练功鞋通常用柔软的薄皮革或帆布制成。鞋子必须合脚，否则会影响练习。

第四节　探戈的学习训练

1. 探戈的基础知识

探戈是一种双人舞蹈，源于非洲，但流行于阿根廷。伴奏音乐为 *2/4* 拍，但是顿挫感非常强烈的断奏式演奏，因此在实际演奏时，将每个四分音符化为两个八分音符，使每一小节有四个八分音符。目前，探戈是国际标准舞大赛的正式项目之一。

基本内容

跳探戈舞时，男女双方的组合姿势和其他摩登舞略有区别，叫作"探戈定位"，双方靠得较紧，男士搂抱的右臂和女士的左臂都要更向里一些，身体要相互接触，重心偏移，男士主要在右脚，女士在左脚。男女双方不对视，定位时男女双方都向自己的左侧看。探戈音乐节奏明快，独特的切分音为它鲜明的特征。舞步华丽高雅、热烈狂放且变化无穷，交叉步、踢腿、跳跃、旋转令人眼花缭乱。演唱者时而激越奔放，时而如泣如诉，或愤世嫉俗，或感时伤怀。歌词大量采用街乡俚语。跳舞时，男士打领结穿深色晚礼服，女士则穿一侧高开衩的长裙。

历史起源

探戈据说起源于情人之间的秘密舞蹈，所以男士原来跳舞时都佩带短刀，现在虽然不佩带短刀，但舞蹈者必须表情严肃。其他种舞蹈跳舞时都要面带微笑，唯有跳探戈时不得微笑，表情要严肃。探戈舞的肢体语言非常丰富，但目前应用于体育舞蹈比赛中经规范了的探戈舞已经比阿根廷本地的探戈舞简单多了。

其实，探戈里的 milonga 就是一种比较开心欢愉的探戈舞蹈类型，源自非洲的热情 habanera 舞曲及欧洲的轻快 poca 舞曲，因此男女舞者在配合这种活泼俏皮的 milonga 音乐时，通常会摆脱原本阿根廷探戈的深沉哀愁，而转为相互嬉闹玩耍的气氛。

探戈发源于布宜诺斯艾利斯，被阿根廷人视为国粹。

19 世纪末，年轻的阿根廷共和国经过连年战乱，进入稳定的发展时期，大批欧洲移民涌入这片富庶的土地。初来乍到者多在码头或工地做小工。每当夜幕降临，他们相聚在贫民区的小酒店饮酒作乐，聊以舒解都市生活的寂寞与思念家乡之苦。

移民来自世界不同的国家和地区，他们带来了不同的舞蹈和音乐，探戈就是在这块富饶的土地上生长起来的一朵绚丽的花朵。

探戈以意大利、西班牙风格为主，夹杂着一些黑人乐舞的韵调，集音乐、舞蹈、歌唱、诗歌于一体，是一门风格独特的综合艺术。

探戈起初仅在港口破败的仓库里表演，观众是出卖苦力的人。然而，这种艺术形式的魅力令人无法抗拒，到 20 世纪初，探戈已普遍为大众所接受，20 世纪 40 年代迎来了它的黄金时代，涌现出一大批词曲作家、歌唱家和舞蹈家。

探戈百年风情

就像斗牛代表着西班牙一样，探戈就是阿根廷的代名词。最初的探戈被当作是交谊舞中的另类，从诞生之日起就受到了争议，后来几经变化才成了今天这个样子。那么，探戈背后到底有什么样的故事呢？

对于探戈的起源，人们有各种各样的说法，有人认为探戈起源于黑人舞蹈，也有人说探戈是欧洲人带到阿根廷的。虽然这些因素都或多或少地影响了探戈的发展，但有一点是可以肯定的，只有在阿根廷自由奔放的气氛中，探戈才真正长大成人，成为一种新的、独特的舞蹈形式。

19世纪末，探戈出现了。最初的探戈并不像现在这样高雅，流行于酒吧和小餐馆，最让人不可思议的是，柔媚的探戈最初竟然完全是男子的舞蹈。据说，在拥挤的布宜诺斯艾利斯的小酒馆里，男子为了吸引姑娘的目光，跳起了激情四射的探戈。如今探戈中一些带有对抗性的动作，仍能让我们看到当时探戈的风采。

后来女人也加入了探戈的行列，但探戈很长一段时间只在平民中传播，成为郊区小酒店里不可缺少的"一景"。大约在20世纪20年代，一位名叫卡洛斯·卡德尔的人和他的舞蹈队将探戈舞带到了巴黎，一夜之间探戈征服了巴黎这个时尚之都。为了迎合上流社会的欣赏口味，法国贵族对探戈进行了一些改造，去除了探戈中粗犷野性的成分，使它变得高贵优雅。

100多年的发展，到了20世纪七八十年代，探戈形成一种"墙里开花墙外红"的景象。一方面，世界各地学习探戈的人越来越多；

另一方面，在探戈的老家阿根廷，随着流行音乐的入侵，大部分探戈录音室应声倒闭。而且，阿根廷相当一部分青年并不喜欢探戈，认为它已经过时。针对这种情况，阿根廷政府为了弘扬和提倡民族文化，颁布法令，甚至规定设立专播探戈的电台、电视台。经过种种努力，探戈又焕发出了新的活力。如今，要想看上一场小规模的探戈舞表演，容易得像去餐厅吃饭一样，许多餐馆都会在晚上的某一个时段，安排一场免费的探戈舞表演。流行了 100 多年的探戈，又成了一种新的时尚。

发展状况

近年来，阿根廷的探戈产业发展迅速并取得了举世瞩目的成绩。以乐师、舞蹈演员、音乐磁带、书籍为主体的探戈产业在全世界年创价值相当于阿根廷葡萄酒和其他酒类年出口创汇的总和，并大大超过渔业和制鞋业的创汇总和。

以前，探戈的主要商演国为美国和德国。近年来，由于阿根廷政府采取了法律上保护、政策上扶持的一系列有效的措施，加上阿根廷探戈艺术表演团体的频繁出访和开展大规模的广告动作，探戈艺术先后在欧洲、亚洲等地也赢得了大批观众，并形成一股强劲的"探戈热"。

一家国际知名的咨询公司的调查显示，阿根廷探戈品牌的知名度可与美国的可口可乐相比。该公司认为，阿根廷的探戈将成为世界增长速度最快的出口项目。目前，阿根廷拥有庞大的探戈艺术队伍，作为表现布宜诺斯艾利斯人日常生活的艺术形式，探戈以其雅俗共赏的艺术魅力深受人们的喜爱。

探戈可以说是典型的拉丁美洲的艺术表现形式，它有着相当的独特性和兼容性。探戈起源于通俗文化，并作为一种充满激情的大陆文化遗产流传了下来。现在已成为最具有艺术生命力和神秘拉丁色彩的艺术。探戈是男人和女人永恒的战场，它定义了爱的行为，而这种行为又会在舞蹈形式与风格中表现出来。探戈通常的表演规则和形式是有限的，想象力和激情却是无限的。

探戈流派

世界五大探戈类型（无西班牙探戈流派及种类的）

（1）阿根廷探戈

阿根廷探戈是流行于现今时日各类探戈的祖源。在阿根廷首都布宜诺斯艾利斯，探戈代表了阿根廷的草根性，但它不仅是休闲的一种，而且已是文化的一种。早期它不称"探戈"，而称为milonga，它是众多阿根廷民族舞蹈之一。

或许也因其隐藏在舞蹈中的热情，化解了冷漠社会中民众冰冷封闭的心，不但阿根廷接受了探戈，全世界也拥抱了探戈。今阿根廷探戈备受推崇，下至社区阿根廷探戈舞蹈教室，上至美国百老汇剧院，探戈的舞迹可以说无所不在。

（2）英式探戈

迟至1907年，英国伦敦才认定阿根廷探戈是社交舞蹈的一种。到了1920年左右，英国给予了探戈制式化，由于其制式模板的发行，在推广上势如破竹。从此，"英式探戈"逐渐取代了"探戈"这两个字。

（3）美式探戈

在美国这个民族大熔炉的国家，阿根廷探戈发展成美式探戈是无可避免的。美式探戈初期其上身握持较接近阿根廷式，但腰腿脚部之动作较属改良式，而舞步移动同英式探戈般，舍弃了原地彼此对绕，多采用大步移动的方式。

近年来，美式探戈因英式探戈的流行，在握持与舞步上已产生偏向英式探戈的趋势。传统的美式探戈，在好莱坞电影中可窥一二，电影并未让美式探戈风靡世界，但"探戈"二字经由电影深植入世界各国人民之心。

（4）中国台湾探戈

美式探戈是我国台湾探戈的前身，经由我国台湾舞者的自创与变化，产生了属于我们的探戈，也因此中国台湾探戈中嗅不到阿根廷探戈的浪漫热情。而握持因民风相异而不同，除手背有接触外，其余均不接触；不过舞步的多样化、复杂化是中国台湾探戈的特色。

可贵的是，中国台湾探戈与本土音乐的节拍与速度，相互嵌合而自成一格，也因这点，中国台湾探戈可名列五大探戈之一。现今，如能在舞步上统一规划、编列教材，才能延续中国台湾探戈的生命。

（5）竞技型探戈

以英式探戈为根基的竞技型探戈，而在握持上脱离旧有的英式探戈方式，采取较夸张的态势，在基础舞步上保有英式的架构，但在竞技舞步的排序与音乐变化上，全然与传统英式探戈迥异，但其效果却是爆发性的，十分吸引人，抛头顿足是其特色。

在竞技场，探戈属摩登舞系，而阿根廷地处南美洲，属拉丁语系，为何排除于拉丁舞系之外，而归于摩登舞系呢？按舞史记载，早期摩登舞系只有华尔兹、狐步、快四步三项，而拉丁舞已有五项，为求摩登舞在数量上与拉丁舞相当，将握持相类似的阿根廷探戈加入，也因此阿根廷探戈注定脱离拉丁舞的热情，相信竞技型的探戈将是世界舞蹈爱好者最期望学习的探戈。而学习英式探戈是学习竞技型探戈的必经途径。

音乐

探戈在教学上以一小节四拍，慢为两拍，快为一拍，*1234* 为普遍的教法；但在乐理上，探戈是每小节 *2/4* 拍，一小节应是两拍，慢为一拍，快为半拍，拍数算法应是 *1a2a*，如同桑巴舞般；不过，此种算法较少有教师使用，建议还是使用 *1234* 的算法，不易造成混淆。

英式探戈草创时的速度是每分钟 *33* 小节，而竞技型探戈舞步愈趋复杂，为求得完好的表现，已迫使音乐速度降至每分钟 *30* 小节。

比赛

对摩登舞选手而言，因探戈的舞风、握持与其他舞科的相异，选手必须适度调整身体手足、重心放置等位置，由摆荡倾斜的肢体驱动方式转换成垂直移动身体的运动方式；因无大规模的升降、倾斜与摆荡可表现，舞蹈中大量使用旋转、轴转、回旋及定点舞步，是探戈舞求取表现必备的重点。

近年来，舞者为求探戈舞更好的表现，有阿根廷式探戈之独特脚部动作、快四步之追并夹脚舞步及拉丁舞系之动作等，大量非传统英式探戈舞步，渗入探戈竞技舞步，使探戈舞步更加丰富多彩；而在基础概念上,也有着明显的突破,使用脚尖是例一,身体的倾斜是例二,非摆荡型的升降是例三,以上种种,使得探戈在比赛场更有挑战性与可看性。

舞风

竞技型探戈之舞风,基本分为两种形态,一为敏捷轻巧型,二为军事行军型,二者均有其风格,中国台湾一般舞者较喜欢后者。所谓敏捷轻巧型,行如猫、虎类,行进间如秋风扫落叶般,无声无息,但所过之处风沙千里、落叶四散。定点动作,其身体的敏锐度与柔韧度是非比寻常的,此舞风较接近阿根廷探戈的罗曼蒂克式精神,较缠绵。

所谓军事行军型,行进间以浑重的大动作来表现,敲锣打鼓热闹非凡,定点动作较有爆发力。两者均是探戈,按舞者之喜好,可单独或交替使用。而两者间的共同点,就是瞬间由移动转入静止,产生独特的探戈"staccato"动作。

竞技探戈舞,缺少了 staccato 就不能算是竞技探戈,"断音""断奏"是中文解释,字面解释是在绵延不断的演奏音乐中突然停住,在一拍或数拍后继续演奏。而在舞蹈意义上,舞蹈时在不间断的快速移动中,突然急停身体,重心定点顿住,产生定格画面,此动作要求探戈舞者的重心转移、足部抓地力等须具有深厚的功力,才能完美表现此动作,这也是舞者功力等级的评判点,staccato 可说是代表了竞技探戈舞风格的主要特征之一。

2. 探戈脚部运用的技巧

脚跟 (heel)

因为在探戈的舞步中，没有升降或摆荡的动作，探戈大多数前进舞步的足著点都落在脚跟的位置。其实，探戈舞步是把脚跟平放的，在探戈中脚趾是不应受到压迫的，因此在讨论探戈足著点时，应以脚掌的部位为主。如果有旋转或者升起时，足著点会落在脚趾的部位。我们都知道在探戈中，没有上升的动作，但是如果探戈在做旋转的动作时，足著点会在脚跟和脚掌吗？逻辑上说应该是这样，但实际上也并不尽然，因为这和转动的幅度与方法有关。

脚跟到脚掌 (heel ball)

探戈有其独特的性质。在前进步做转的动作时，足著点通常都在脚跟，事实上这样的动作是把脚跟平放，而且脚掌不会感受到压力，如男士在摇转步或开式左转步中第一步的前进。有人形容探戈的常步，会有一种好像脚被黏住的感觉，这感觉就像走在刚铺好的柏油路上一样。所以，探戈不同于华尔兹，在探戈一般的转动作中，回旋的动作总是被避免。然而，如果在转时需要有回旋的动作，就像女士在外侧回旋的舞步中，足著点就真的变成脚跟到脚掌，她同时也快速地向右侧旋转。而外侧的舞伴在右扭转步第五步的时候，是运用脚跟到脚掌的步法。这和技术书上所描写的是一致的。

117

脚掌到脚跟 （ball heel）

很明显的，所谓的脚掌到脚根就是当男士或女士在做后退步时的动作。然而并非如此简单，因为探戈的握持和探戈的舞步风格，在反身位置时右脚要后置。脚在这个时候，是从脚掌的外侧边缘开始辗动直到脚跟平放，然而当左脚退回到开放的位置时，脚将从脚掌内辗转到脚跟。

脚掌内缘到脚跟 （inside edge of ball heel）

男士在左脚后退时要用左肩膀去引导（就像退锁步在左脚），将会感觉到一直在使用脚掌内缘到脚跟，同时在闭式行进间当女士以侧行步踏向右脚（第三步），她大约向左转了 *1/4*，因此就会用到脚掌内缘，然后把左脚并向右脚，整个脚轻微向前进。

脚内缘 （inside edge of foot）

当以左脚踏向侧边并且右脚并到左脚时，左脚将以脚内缘的部位来作为主要的支撑，而右脚将轻轻地靠回来，足著点将落在整个脚上。

整个脚 （whole foot）

足著点落在整个脚也经常出现在女士的舞步中。当左转步（左脚）的第二步在踏向侧边时，会用到这种足著点。

脚掌（ball）

在右扭转步中，当男士的右脚在左脚后面通过时，他用脚掌做右扭转动作（也许是反向的扭开），足著点将落在右脚掌和左脚脚跟上。

3. 探戈的训练方法

探戈舞曲一般是 *4/4* 节拍，每小节可运行两个慢步或者四个快步，特殊情况下也有在一拍里运行两步的并式或锁式变化。

常步分身连步

常步是探戈的基本舞步，按照不同的需要，可只用一步，也可连用两步，但不能连用三步，节奏形式是 S。连步是常用的连接舞步，有两种形态：由 C、P 发展到 P、P 的称为"分身连步"；由 P、P 发展到 C、P 的称为"合身连步"。节奏形式是 Q、Q，有时也可用 S 表示。

探戈的起步方位是 L、O、D。由于 C、B、M、P 的关系，运步方向实际上是朝斜墙位发展的。但这种发展不是直线的，而是呈圆弧状向 L、O、D 方向延伸。

S 男进左，女退右。有强烈的侧身和 C、B、M、P。

S 男进右，女退左。男右肩引导，女左肩引导。使横行感增强并形成运动轨迹的圆弧形发展。

Q 男进左，女退右。有强烈的侧身和 C、B、M、P。在侧身动作达到极点时，利用身体右侧的反作用力，向下一步快速发展。

Q双方适度右转。男迅速改变右脚方位，女在横移中改变左脚方位，形成面墙位的P、P（分身到开位）。

这个舞步有四个注意要点：

（1）节奏

分身的Q、Q不能处理成平均节奏，而要集中在一拍内完成。使剩下的一拍成为停顿的造型时间。所以，凡属这种情况的，都在缩写字母下加一横线Q、Q以示区别。

（2）造型

探戈的分身开位P、P只反映在肩横线的V字形改变和头部方向上，腰以下仍须保持密合。这一点非常重要，切不可将腰胯一齐打开，形成错误的形态，正确的膝盖朝向是男女正对，因而有一种扣住膝盖的感觉。点她的脚尖，要用大脚趾内侧，而不能用整个拇指或前脚掌。

（3）重心

既不能双脚平均支撑，也不宜全靠单脚支撑。最好的方法是三七开，使横向开放的脚尖稍稍承担一点儿重量，这将有利于不正确感觉的形成，避免上身后仰和重心后坐。

（4）感觉

要有向视点方向前进的动势，和将女伴置于男伴保护下的感觉，千万不能形成向后躲避的态势。

侧行左转 *90°* 并步

侧行是P、P上的同步前进。要特别注意脚尖不能指向前进方向。第二步的运行既要保持C、B、M、P的要求，又要按照男稍前、女稍后的程序和位置进行。

S 男左、女右，同时横移前进一步。

Q 男右、女左，向深度 C、B、M、P 发展。注意在越过支撑脚时，应依照男先、女后的程序，不可同时拥挤而过，落脚后开始左转。

Q 完成 $90°$ 左转，在面 L、O、D 方位上，男横左，女横右，形成 C、P。

S 男并右，女并左。注意脚下并步的错位形态和女士头部位置的还原。此外，在练习中，要学会迅速而不露痕迹地把重心转移到并拢的脚上，以便下一步的运行。

左转前进步

Q 男进左，女退右，有侧身。

Q 男横右，女横左，向右外侧 O、P 发展。

S 男退左，女进右，经过深度 C、B、M、P 转化到 O、P。三步完成 $135°\sim180°$ 的左转。

Q 男退右，女进左，有侧身。

Q 男横左，女横右，形成 C、P。

S 完成并步，要求同前。后三步完成 $90°\sim225°$ 这种舞步的旋转度可自行调整。六步内完成的旋转度在 $270°\sim405°$ 之间变化。初学者最好按照 $360°$ 走位置。

扭转

扭转是一种双脚重心的旋转变化，一般是男士在锁式交叉中扭动双脚旋转，而女士则在男士引导下，做绕轴转身运动。因此，男女脚步动作出现非对称性改变从 P、P 开始。

S 侧行一个慢步。

Q 在深度 C、B、M、P 中男进右，女进左，男士在后半拍里开始右转身。

Q 男士右转 *90°* 后，横移左脚，在女士的前进路线上形成阻拦的姿势。女士在引导下也右转 *90°* 形成 C、B 并向男士两脚中间直进右脚。

Q 男士右脚深度 C、B、M、P 后撤交叉，前掌着地，双脚支撑。女士在男士引导下进左脚，左肩引导向 0、P 发展。Q 男士用左脚跟，右脚掌一齐辗动，右转 *180°*。女士倾斜地绕男士前进右脚，右转 *135°*。

S 男士落下脚跟，女士左脚同时紧靠旁侧落地走位，并继续右转 *45°*，将右脚靠向男士左脚，形成开放式 P、P 这种旋转舞步的旋转度，可在 *270°* ～ *360°* 变化。

探戈自娱跳法舞步练习

探戈种类和流派较多，因此自娱跳法便不能限定样式。为提高我国国标舞的水准，按"自娱跳法向标准跳法靠拢"的原则，不再另起炉灶。除上述基本舞步外，再介绍几种比较简单易学的变化，以供探戈自娱爱好者使用。

（1）常步前进左转

180° 开放式 O、P 接后退左转 *90°* 并步（S、S、Q、Q、S、Q、Q、S），这是两个前进常步，加上定位的左转前进步（*270°*）形成的变化。面 L、O、D 起，面墙止。将运动程序提示如下：

S 男进左，女退右；

S 男进右，女退左；

Q 男进左，女退右，开始左转；

Q 男横右，女横左；

S 男退左，女进右，至 O、P 完成 *180°*；

Q 男退右，女进左，开始左转；

Q 男横左，女横右，至 C、P 完成 *90°*；

S 男并右，女并左。

（*2*）侧行并步的变化（S、Q、Q、S）

这种变化的形式比较多，是基本舞步练习中的第二种结构——侧行左转 *90°* 并步的变形和发展。主要用于方向的调整和运动路线设计中必要的穿插性安排。在自娱跳法中，则是一种节奏相对固定的变化形式。下面介绍三种变化。

①侧行横进并步（从 P、P 开始）

S 男进左，女进右。

Q 男进右，女进左，向深度 C、B、M、P 发展。

Q 男横左，女横右，直进，变为 C、P。

S 男并右，女并左。

②后退斜行并步（从 C、P 开始）

S 男退左，女进右，有肩部引导。

Q 男退右，女进左，向 C、B、M、P 发展。

Q 男横左，女横右，体位和方位不变。

S 男并右，女并左。

③后退左转 *90°* 并步（从 O、P 开始）

S 男退左，女进右，有肩步引导。

Q 男退右，女进左，向 C、B、M、P 出脚并开始左转。

Q 在左转 *90°* 的方位上，男横左，女横右。

S 男并右，女并左。

这几种变化在自娱跳步中，可随意组合，不一定按上面的顺序进行。由于节奏相对固定，临场即兴发挥是不成问题的：

（3）摇步

这种舞步的结构是，前面两个常步，后面三次摇晃。摇晃在开放式上进行。

S 男进左，女退右，有侧身和 C、B、M、P。

S 男进右，女退左，在开放式上稳位。

Q 男放下左脚跟，抬起右脚掌，重心后移；女放下右脚掌，抬起左脚跟，重心前移。在保持上身的稳定中，做第一次摇晃。

Q 反向摇晃，男同女步，女同男步。

S 再次反向摇晃。

这个舞步的要点是，在保持造型稳定的前提下摇晃。容易出现的问题，是俯仰上身或摇摆胯部。纠正的方法：加强脚踝关节的力度；制止膝关节的屈伸和腰胯部位的局部性运动，追求整性摇摆。

往下发展的变化形式很多，下面介绍两种自娱跳法的简单变化。

①向后发展的衔接变化——左转 *90°*

Q 男退右，女进左，有侧身和 C、B、M、P。

Q 男横左，女横右，左转 *90°* 。

S 男并右，女并左。

②向前发展的衔接变化——分身连步

这种变化，须再反复摇摆三次，在慢步节奏上，男向前移动，脚刷过支撑脚；女向后移动，右脚刷过支撑脚，向分身连步发展。

在标准跳法中，变化就没有止境了。不过，常用的衔接变还是后退锁滑分身，用比 Q、&、Q、S、Q、Q 的节奏形式完成。

（4）分身连步的灵活运用（Q、Q 或 S）

分身连步不一定非要与两个常步衔接。正如上面的衔接变化，在任何情况下都能使用。甚至在并步状态下，也能直接衔接，不过这需要较熟练的技巧。

只要双方配合默契，并保持运动发展方向的清晰，不时地在舞步中插入分身连步；可以增加方位突变的趣味和节奏多变的刺激。

一般说来，掌握了上述几种舞步的变化，在自娱场合是足够使用了。如果还想进一步提高，请学习下面的标准变化。

探戈标准跳法的舞步练习

（1）侧行逐步接并滑分身连步

（S、Q、Q、Q、Q、Q、&、Q、Q、Q。向 L、O、D 起步，面墙位 P、P）

S 侧行前进一个慢步，男左、女右同进。

Q 侧行前进一个快步，男右、女左同进。

Q 右转 45° 男横左，女横右，向 O、P 发展。

Q 在 O、P 上逆向运动，男进右、女退左。在右转 45° 的方位上落脚。

Q 在继续右转动律中男退左，女进右，并继续完成 90° 右转。

Q 在面中央位上，男横右，女横左，这一步只占 1/2 拍时值。

& 后 1/2 拍男并左，女并右。

Q 继续男横右，女横左。

Q、Q 在侧身和 C、B、M、P 中男进左，女退右，然后根据下面需要的方位，完成分身。

最后的开放式 P、P 可以在面墙、斜墙或面 L、O、D 即 B 线的面墙方位上。

（2）侧行并退接外侧回转合身连步

（S、Q、Q、S、Q、Q、S、S。向斜墙起步，面墙位 P、P）

S 侧行前进一步，男左、女右同进。

Q 再侧行前进一步，男右、女左同进。

Q 男进左，女进右。男士右转身形成阻拦态势。随着前进惯性力量的终止，在右转动律的影响下，转向逆行运动的并退态势。

S 男进右，女退左。在重心转移到前掌时，男左转身，女稍右转身，形成 P、P 后退。

Q 在并退中男退左，女退右。

Q 男退右，并将左脚收到刷式位置；女退左，并在转移重心的过程中，左旋转 180° 形成 O、P，右脚收至刷式位置。

S 男退左，女进右。在男士引导下，女士在进右运动中完成 180° 右旋转，并将左脚在后开放式旋转位置落到前开放式点地。男士则应注意将右脚留在前开放位置，并在女士基本完成右旋转时，稍向左侧 45° 引导形成 P、P。

S 这一步就是合身连步。是将双方由 P、P 关闭到 C、P 的连接步法。在男进右、女进左的落点上，要向左侧 45° 偏移性发展。女士在男士引导下，通过左旋转 180°，合身运动到男士面前。此时，男士左脚和女士右脚应停留在刷式位置上。

（3）四快步

（Q、Q、Q、Q。面墙刷式C、P向逆L、D做瞬间运动）

这个变化又叫作"换位四步"，是一种出其不意的逆向性瞬间运动。在节奏处理上要追求一种附点式变化，即第一个和第三个Q，处理成半拍，而另外两个Q，则变成一拍半。由于速度较快，有一定的难度。

Q男进左，女退右，有深度C、B、M、P和侧身动作。

Q男横右，女横左，稍带左转并向O、P发展。

Q在O、P上男退左，女进右，有深度C、B、M、P。

Q男退右，女横左，形成开放式P、P。

（4）侧行合身连步接开放式左转重倾斜分身

（S、Q、Q、Q、Q、S、S、S。面墙开放式P、P向L、O、D运行）

S侧行前进一步，男左、女右同进。

Q、Q在第一个Q中，使刷式C、P在面L、O、D方位上。第二个Q则原地不动。

Q男进左，女退右。同时，开始快速的左旋转，男一只脚呈前后开放式。女用脚跟作并脚旋转。

Q完成左旋转270°后，男右、女左并脚落地。男士要向右侧斜上方投出视点，同时重心和身体的流动朝向男左侧、女右侧发展。

S男横左，女横右：同时，双方向男左侧前方抛出视点，形成P、P的开放式大舞姿造型。注意双方膝盖的位置和脚尖的扣合。并应寻找一种"背靠肩扛"的内在力度感。

S保持开放式脚位，在男士引导下，形成重倾斜造型。

S男横右，女横左，一步拉回到位。形成分身形态的开放式P、P。

标准变化就介绍到这里。以上都是英国皇家舞蹈教师协会正式颁布的规定变化。下面再给大家介绍一个创造性发展的典型范例，这是获得认可的发展性变化。你可从中间的一步认识到交谊舞的总体性规律，从而为自己的创新活动打下良好的基础。

（5）侧行合身连步按维也纳华尔兹式左旋转前进步分身

（S、Q、Q、Q&Q、Q&Q、Q&Q、QQ。面墙位开放式 P、P 起，向 L、O、D 运向）

这个变化的一头一尾已在前面学过。S、Q、Q 是侧行合身连步，Q、Q 是分身连步。中间的三个 Q、&、Q，实际上也是已经学过了的。就是快华尔兹标准跳法中的左旋转前进舞步。只不过把三拍子节奏变成了两拍的形式而已。

第五节　桑巴的学习训练

1. 桑巴舞的基础知识

桑巴舞蹈简介

桑巴是音乐加舞蹈的混合体。音乐主要由弦乐、打击乐和歌手来共同完成，而舞者则负责舞蹈的部分。桑巴是巴西最具代表性的国家象征之一。

如果用一句话来形容桑巴，桑巴是欧洲白人音乐与非洲黑人音乐融合的产物。其实，大部分巴西音乐都是在这样的大背景下产生的，比如我们熟悉的 bossa nova，还有它的前身 choro 和巴西爵士。一边是随着非洲人登陆巴西的黑人音乐，一边是欧洲，尤其是德国和意大利移民的欧洲音乐，当这两种音乐在里约热内卢融合的时候，就诞生了现在我们所知道的桑巴。

我们常在电视新闻中看到的桑巴片段其实只是桑巴的一种风格，也是最为著名的一种风格，即里约热内卢桑巴。对于大多数巴西人来说，里约热内卢桑巴就是桑巴的代名词，而对于外国人来说，由于里约热内卢狂欢节的盛名，他们所知道的也往往是 Rio。从里约热内卢向北到巴西的东北海岸巴伊亚州，那里的首府萨尔瓦多是巴西另一个因狂欢节而著名的城市。这里当年是黑人到达美洲的第一站，是当时巴西的首都，黑人文化因此在这里生根发芽。这里的桑巴风格通常被称作Samba Afro和SambaReggae，因为R在葡萄牙语里有时发音为H，因此SambaReggae更常见的叫法是SambaHeggae。

每年一度的狂欢节是桑巴音乐展示的最佳舞台，来自欧洲、全球其他地方及巴西国内的游客会在每年2—3月挤满里约热内卢和萨尔瓦多——巴西的两个旧都，也是巴西音乐最重要的两个发源地。著名鼓团或者桑巴学校的游行演出是狂欢节的精华所在。里约热内卢的狂欢节其实就是各个桑巴学校一年一度的竞赛，每个学校都会为这个比赛编写并推广自己的主题曲，进行大量的舞蹈和打击乐排练，制作华美的演出服，一切只为了在那个长约1公里的著名的狂欢节大道上进行一次完美的演出。里约热内卢狂欢节以华丽、激昂、明亮、节奏超快著称。2008年的里约热内卢狂欢节，有一个桑巴学校的演出达到了每分钟140拍以上，对于舞者这几乎是人所能达到的极限速度。而到了东北部巴伊亚州的萨尔瓦多，桑巴的节奏变得缓慢了一些，去掉了像Tambourime这种音色极其明亮的乐器，更富有黑人律动。这里的游行演出不是比赛，完全是娱乐，而且这里是桑巴的真正诞生地，因拒绝商业化而使得狂欢节保留了更为传统的面貌，所以很多人在体验过里约热内卢的狂欢节之后更愿意前往萨尔瓦多体验那里的文化与节奏。事实上，直到现在Olodum每年狂欢节前后还会在那里进行免费的公开演出。

里约热内卢狂欢节

如前所述，狂欢节是一个比赛，因此里约热内卢的数十间桑巴学校会花一整年时间备战狂欢节。比赛被分为六个等级，特别组和A、B、C、D、E组，只有特别组才有资格在那条著名的"桑巴大道"上，在 90 000 名观众面前游行演出。这条长约 1 公里的路，每个桑巴学校走下来至少要用一个小时，因为队伍实在庞大，有 3 000～5 000人的演出团队和 6～8 台花车。

比赛分为两天，每天六个学校。评审根据每个学校的舞蹈、音乐、服装、故事编排和花车设计来评分。特别组的最后一名下一年降级到A 组，而 A 组比赛的第一名则会升级到特别组。每个桑巴学校每年都会设定一个主题，所有环节都围绕这个主题展开。

2009 年，里约热内卢桑巴游行大赛的冠军是 Salgueiro。这所学校最早也是非裔巴西人展现自己舞台之一，但现在变成一个典型的精英鼓团。它在靠近里约热内卢市中心的区域拥有一个演出大厅，相比之下，其他鼓团的演出场所多位于贫民窟中，对游客来说是相当危险的地方。

桑巴雷鬼

巴西人常说，巴伊亚州生了桑巴，却没有好好抚养桑巴。指的是桑巴在传到里约热内卢之后才逐渐取得了今日的声望和地位，传播到巴西各区，成为代表一个国家的音乐形式。20 世纪初，来自 Bahia的桑巴随着音乐家、匠人的迁徙来到里约热内卢，桑巴在和声、节奏上受到了一些欧洲音乐流派的影响，如军乐队、chorinho，结果 *1930* 年前后，巴伊亚州桑巴发展成速度更快、声部更复杂的桑巴，也就是现在著名的里约热内卢狂欢节上能够看到的桑巴。这种里约热内卢风格的桑巴在巴西迅速传播，同样也包括桑巴的诞生地巴伊亚州。

20 世纪 *60* 年代末至 *20* 世纪 *70* 年代初，世界各地的非洲后裔掀起了反对种族歧视、宣扬自身价值的黑人骄傲运动。这场运动在美国的代表是马丁·路德·金，在牙买加是鲍勃·马利的雷鬼音乐，而在巴西巴伊亚州萨尔瓦多，便是桑巴雷鬼（SambaHeggae）。在里约热内卢桑巴之外，非裔巴西人发展出了能够代表自己的狂欢节游行音乐。

演奏桑巴雷鬼的鼓团基本上可以分两种：一种严格由纯正非裔血统的巴西人组成，带有政治色彩；另一种是以黑人为主，允许其他人种（通常也是有色人种，白人很少见）加入，不带有政治色彩。

1974 年诞生的 Ile Aiye（意为生命之屋）便属于前者。他们是第一支演奏桑巴雷鬼风格音乐的鼓团，也是第一支黑人鼓团。成立的第二年，他们首次参加了狂欢节演出。Ile Aiye 创始人将早期的巴伊亚州桑巴与代表了黑人运动的雷鬼音乐结合起来，为了区别于里约热内卢的桑巴，他们反其道而行之，故意放慢了节奏，去掉了 Tambourine 这样的高音打击乐器，歌词中还充满了与政治和社会相关的内容。虽然当时人们只是用 Samba Afro 来形容他们的音乐，但那实际上就是桑巴与雷鬼的结合。

Ile Aiye 的出现是一个分水岭，此后大量黑人鼓团在萨尔瓦多涌现，演奏 Ile Aiye 的节奏。Ile Aiye 对桑巴的贡献一是引入了用两只鼓槌高速滚奏的 *4* 号低音鼓声部，二是引入了军鼓，在葡萄牙语里叫

caixa clara，演奏一种融合了桑巴与雷鬼的切分节奏。不过相对于后来的桑巴雷鬼鼓团，Ile Aiye 的节奏保留了更多原始桑巴的风格和技巧，听起来与早期（那时速度还没有大幅度提高）的里约热内卢桑巴非常相似。

创建于 1979 年的 Olodum 被认为是桑巴雷鬼的真正创造者，他们也以此自居。20 世纪 80 年代早期，原 Ile Aiye 的指挥 Negeuinho 来到 Olo-dum，并发展出了一种全新的 Repinique 打法，用两只鼓槌高速不间断打击代替原来的一只鼓槌一只手的打法。新打法让桑巴变得激烈、震撼起来，音量大大增加，速度越来越快，距离很远便能听到演奏。

Ololum 是 1980 年代最炙手可热的桑巴鼓团之一，几乎所有其他非裔鼓团都演奏他们的节奏，到了 1986 年，SambaReggae 这个词第一次被用来形容 Olodum 的音乐。Olodum 可能是巴西最有国际声望的桑把打击乐团，他们与迈克尔·杰克逊合作"They don't care about us"巴西版、与保罗·西蒙也有合作，与巴西国内著名音乐人的合作就更数不胜数了。他们打击 Repinique 的方式后来也得到了普及，就连 Ile Aiye 在 1990 年代初也改用两只鼓槌打击 Repinique。

现在巴伊亚州年轻一代的鼓手，差不多 30 岁以内的，受到 Timbala-da 的影响比较大。Timbalada 成立于 1994 年，创始人为卡林霍斯·布朗，他为鼓团引入了一种濒临消失的乐器 Timbau（一种由传统手鼓演变而来的手鼓，音色亮，重量轻，便于背负游行），鼓团因此得名并闻名。

Timbalada 严格来说是一个舞台型鼓团，即 Banda，而不是狂欢节时在街头游行的 Bloco，他们的节奏融入了更多的非洲元素，在演出的时候使用较多的 Timbau，这让那个年代的年轻人开始疯狂学习 Tim-bau。Timbalada 发展出了一些适合舞台表演的演奏方式、技巧，如将三种低音大鼓苏度鼓（Surdo）和一个 Repinique 固定到一个架子上（类似于架子鼓），由一个人演奏。

2. 桑巴的训练方法

桑巴源于巴西，是一种民间舞蹈，在当地的狂欢节有很多种桑巴舞。为了将桑巴舞的特点表现出来，舞者必须欢快、煽情、激昂地表演。桑巴有着特有的节奏，其中以富有巴西特点的乐器著称。现在很多健身房中也兴起了一种叫拉丁健身操的项目，这种运动方式已经不是某种单纯的拉丁舞，而是利用了很多拉丁元素组合而成，经过简化而形成了一种综合性很强的运动概念。比如说，桑巴、恰恰、曼波都可以广泛地运用到这种课程当中，让大家可以在那热情奔放的音乐中同时享受到身心的愉悦。

动作分解

左、右扫步。

（1）左脚左侧迈步，髋关节由右向左划八字，左手向左侧打开伸直，右手划一弧形扣肘从脸侧划下。

（2）右脚后侧点地的同时放髋下压，右手向后摆打开伸直，左手划一弧形扣肘从脸侧划下。

（3）同1相反方向。

（4）同 *2* 相反方向。

如果你已经迫不及待地在摩拳擦掌了，可以去亲身体验一下拉丁舞给你身体带来的不一样的感觉。

桑巴的弹跳

桑巴舞的弹跳所指的是什么呢？桑巴起源于巴西，有着膝盖的压缩与拉直的特色，产生弹跳是因为骨盆收缩或者身体压低，它被称为"弹跳动作"，它并不是真的向上和向下蹦跳的。

弹跳是如何形成的呢？利用 *1/2* 拍将膝盖下压用另 *1/2* 拍将膝盖拉直。我们把一个拍子分成两部分——*1&*，*1* 代表第一个半拍，*&* 是第二个半拍，踩 *1* 时膝盖弯曲，接着在 *&* 这个阶段把膝盖拉直。

对于这个动作，国际舞蹈教师协会（International Dance Teachers' Association，IDTA）和英国皇家舞蹈教师协会（Imperial Society of Teachers of Dancing，ISTD）的教材中有不同的介绍。

IDTA：假如弹跳的节奏和脚的移动速度结合在一起，节奏会形成 "*& 1 & a 2 & 1 & a 2*"。将膝盖拉直的动作是在 *&* 与接下来的 *1* 的 *1/4* 拍做。换句话说，我们在 *&* 拍时做膝盖拉直，所以一定会在 *1* 的拍子上做膝盖弯曲。

ISTD：正常的弹跳是桑巴舞特质，在开始的 *1/2* 拍膝盖稍微伸直，并在第二个 *1/2* 拍稍微弯曲，也就是数 *1* 的拍子时伸直，然后在 *&* 拍上做弯曲。

我们都了解到桑巴的弹跳不是指向上或向下跳，它是由桑巴舞所创造出的桑巴弹跳，是由骨盆的收缩和膝盖拉直产生的收缩力所形成的弹跳，骨盆的收缩和撤回，它所有的拍子数法都是以 "*1 a 2*" 进行的。

桑巴舞基本步

男女双脚靠拢，重心在右脚。

左脚向前踏，左膝下沉，右膝弯曲——慢

右脚底向前踏，一方面改换重心，一方面伸直右膝——快

将重心回到左脚，双膝下沉——慢

右脚向后踏，右膝下沉，左膝弯曲——慢

左脚后踏，改换重心，并将左膝弯曲，右膝同时弯曲——快

重心回到右脚，双膝伸直——慢

桑巴舞舞步名称及术语

①转动、转

②整周转、全转：360°转

③1/2转：180°转

④1/4转：90°转

⑤基本步：（右转的，左转的和随选的）基本动作

⑥渐进基本步：循序渐进的基本动作

⑦右左快扫步：向右和向左快速扫动步

⑧外侧基本步：外侧基本动作

⑨并进姿势的桑巴：走步列队行进位中的桑巴

⑩流动波塔弗戈

⑪并进到反并进的波塔弗戈：列队行进位和反列队行进位的波塔弗戈

⑫左转步：反向转

⑬科塔加卡

⑭闭式摇摆步：封闭式摇摆步

⑮侧桑巴走步

⑯伏尔塔动作，十字步，五月柱独舞定点伏尔塔

⑰影子波塔弗戈：影子博塔步

⑱阿根廷交叉步

⑲固定桑巴走步

⑳开式摇摆舞：开放式摇摆舞

㉑后退摇摆舞

㉒辫子步

㉓脚步变换

㉔反向波塔弗戈：反向博塔步

㉕滚离手臂步：滚出手臂步

㉖自然滚动步

㉗伏尔塔动作（闭式伏尔塔，右影子位置中的流动环行伏尔塔，旋转木马）

第六节　北京平四的学习训练

1. 北京平四的基础知识

　　平四舞，取决于舞蹈的步伐节拍，目前的国际交谊舞中的"布鲁斯"俗称为"慢四步"舞，华尔兹分为维也纳华尔兹（快三步华尔兹）和慢华尔兹（慢三步华尔兹），而平四舞名字是速度平的四步交谊舞的简称。"北京平四"虽然名字中有"北京"，但实际上跳的是我国多民族的舞蹈及民间民俗的生活片断。比如："葡萄熟了""哈萨克娶亲""孔雀开屏"、蒙古族的求婚、藏族的相亲等，无不可以出现在"北京平四"中，这就要求舞者在跳的过程中"形散神不散""舞真情更真"。根据不同风格的舞曲，选择适当的花样，依其基本规律，即兴发挥，随意组合，跳出风采，舞出自信。

　　北京平四舞的音乐为 *2/4* 拍，每分钟 *44* 小节左右，一拍一步，无快慢之分，但在花样造型时，可在一小节内把四步跳三步，前三拍每拍一步，第四后停步造型。这样，第三步占用了二拍，充分展示了舞蹈造型的优美，"反弹琵琶""摘葡萄"等花样就是这种舞步。

审美特征

　　北京平四舞除了具有一般交谊舞都具有的品格、特点和魅力，它还具有中国独特的创造审美特征，它独创的审美特征具体体现在"步、花巧妙的结合""手势、身段造型的结合""动中有静，静中有动的结合"。它的舞步规范，潇洒自如，灵活稳健，舞步快而不乱、快而不赶、稳而不拖，舞姿造型优美文雅、新颖别致，它的优美大大超过它简单的名称。

代表人物

杨艺是北京平四舞的始创者之一，他创编的平四舞花样自成一派，风格独特，由10年前的一个花样发展到现在的上百种，现已形成一个比较大的花样系列。北京平四舞以它独特的魅力，凭借它活泼欢快、通俗易学、花样不断翻新的特点，在交谊舞场上风头强劲，受到了广大交谊舞爱好者的青睐。跳交谊舞的人无不赞叹它具有健身、益智、娱心、养性的功能。北京平四舞的诞生，结束了中国没有属于自己的交谊舞的历史。

2．北京平四的训练方法

北京平四的基本步就是借鉴大家熟悉的秧歌中的"十字步"加以革新的。"四"自然是四步的意思，而"平"却有它的多译性："平"北京旧称"北平"，秧歌舞是中华人民共和国成立前后的时代产物；"平"乃平常人的平常心；"平"祝愿所有喜欢跳舞的人平平安安，很吉祥；"平"，平静的大地从此不再平静，平淡的生活从此有了几分色彩，平凡的人开始寻觅不平凡的人生……

北京平四以中国的秧歌舞步为基础，吸收了水兵舞和伦巴舞一些有特点的舞步的优点。但是，北京平四与水兵舞和伦巴的节奏不同、风格不同。北京平四是平均的四步舞，没有快慢步之分，并保持着秧歌舞的风格，根据舞步的特征，脚跟、脚掌、脚尖可以自如地着地。水兵舞的脚则始终保持着提踩的动作，用前脚掌平面用力踩地，脚跟虽有下放，但不承担重心。而伦巴除了保持提踩的动作之外，还必须具有明显的屈膝转胯的动作。北京平四舞步自由舒展，协调平稳，速度适中，老少皆宜。它是交谊舞中唯一出自中国的舞种。音乐节拍：2/4，4/4；一步占一拍或占两拍，四步的时值相同，不分快慢步。握持与体位：与拉丁舞有相同之处，也有闭式相对位、开式位、并肩位、队列位、影子位。

北京平四分男子基本步和女子基本步，男子步法相对较简单，左右左右合拍就行，由男子带动舞伴，变化出许多的造型来。

3. 北京平四舞舞姿

平四舞跳起来轻松活泼、富有朝气，采用的音乐是快节奏的音乐，每小节四拍。

平四舞的舞姿：男女舞伴面对面站立，男伴两手张开，手心向上，女舞伴同样两手张开，手心向下，男女舞伴两手相扣。基本舞步男女舞伴都一样。

第一拍：向前（男出左脚，女出右脚）；

第二拍：（男右脚，女左脚）在原地顿一拍；

第三拍：（男左脚，女右脚）向后；

第四拍：（男右脚，女左脚）在原地顿一拍。

再就是两人换位。平四舞的基本脚法就是这两种，花样完全出自手上，即完全是由男士双手用力的大小、方向来引导女士做出各种好看的花样，平四舞跳得好，女士显得最好看；要是跳得不好，就是男士的责任。因此，我们的男士一定要好好掌握带人的技巧。

4.北京平四基本步伐练习

基本步

从闭式相对位开始，5～8步重复1～4步的动作一次。

左、右转90°

从闭式相对位开始，5～8步重复1～4步的动作一次。本舞步在所有90°旋转的过程中，是以一只脚掌为轴转动，且并上的脚尖着地。辅助旋转是必不可少的，还要在旋转过程中起到控制平衡的作用。

左右交拍步

从闭式相对位开始，重复5～8步的动作。

第七节 华尔兹的学习训练

1. 华尔兹的基础知识

华尔兹，又称"圆舞"，是一种自娱舞蹈形式。华尔兹舞曲，即圆舞曲。华尔兹是舞厅舞中最早的，也是生命力非常强的自娱舞形式。"华尔兹"一词最初出自古德文 walzer，意思是"滚动""旋转"或"滑动"。

简介

华尔兹根据速度分化为快慢两种之后，人们把快华尔兹称为"维也纳华尔兹"，而不冠以"维也纳"三字的即慢华尔兹，它是由维也纳华尔兹演变而来的。作为三步舞的华尔兹，其基本步法为一拍跳一步，每小节三拍跳三步，但也有一小节跳两步或四步的特定舞步。

快慢两种华尔兹都以旋转为主，因而有"圆舞"之称。华尔兹因速度慢，除多用旋转外，还演变出多种复杂多姿的舞步，其中有不少舞步在步法上与探戈、狐步舞和快步舞的同名舞步基本相同，只是节奏和风格不同。再加上"四大技巧"在华尔兹中得到全面和充分的体现，所以它被列为国标舞的第一舞种。

华尔兹舞步在速度缓慢的三拍子舞曲中流畅地运行，因有明显的升降动作而如一起一伏连绵不断的波涛，加上轻柔灵巧的倾斜、摆荡、反身和旋转动作及各种优美的造型，使其具有既庄重典雅、舒展大方，又华丽多姿、飘逸欲仙的独特风韵。它因此而享有"舞中之后"的美称。

起源

"华尔兹"一词，据考证大约是在 1780 年前后出现的，而三拍子节奏的圆舞则很早之前就流行于欧洲，特别是在德国巴伐利亚和奥地利维也纳一带的农民中；至于华尔兹类型的舞曲，则早在 17 世纪就演奏于哈普斯堡的皇家舞会上。

尽管华尔兹这种自娱舞蹈形式早已流行于农村，但它能够成为城市民众的舞蹈时尚，却有着社会变革和艺术趣味等多方面的原因。18 世纪末的法国大革命及其在欧洲各国的激烈影响、工业革命的兴起及工人阶级的大规模出现等，使人们对自娱性舞蹈风格的要求发生了巨大的改变。曾一度广为流行的小步舞和加伏特舞因其刻板、拘谨的风格而被淘汰。身体轻松自然、风度飘逸洒脱的华尔兹一时间成了人们（特别是法国人）更能自得其乐的方式。

华尔兹的简单易学和自由舒畅的特点，吸引了广大的舞者，常常只要在一旁观看一会儿就能学会。这种舞无需像小步舞那样，非掌握大量复杂的花样才能登场。

法国革命后的资产阶级立即全面地接受了华尔兹。据统计，仅在 18 世纪末的巴黎，就一下子涌现出了 700 多家舞厅。

1834 年后，华尔兹传到了美国。它在美国的第一个落脚点是波士顿，随即传到了纽约和费城。到 *19* 世纪中叶，华尔兹就在美国的社交圈子里扎下了根。

华尔兹的深得人心与其音乐的轻松流畅密不可分，两位奥地利大作曲家弗朗兹·兰纳和约翰·斯特芬斯的贡献是华尔兹舞蹈史书中的一个重要部分。由他们创造的威尼斯华尔兹标准节奏是每分钟 *55 ～ 60* 拍，非常符合现代人的喜好。

美国人对华尔兹舞发展的贡献在于波士顿舞与踌躇舞两种华尔兹的变体。前者节奏徐缓，舞步修长，前后方向的动作较多；后者速度比较缓慢，*3* 拍子才跳 *1* 步。

专家认为，华尔兹舞对整个舞厅舞蹈的发展所作的贡献中，最重要的是使人们逐渐认识到了这样一个事实：唯有自然的身体动作才能持久。这使舞厅舞不再像 *19* 世纪那样，非采用古典芭蕾中脚的五个位置不可了。

摆荡

摆荡的动作与转身动作是不能分开的，两者之间并存的是一种引擎与轮胎的关系，没有转身动作，摆荡的动作将显得硬而不平衡，摆荡的完成表象，要借着身转动作经过身体中心及腿部、臀部的运动，还有肩膀与手臂的摆转来达成时间运动的技巧，完成轻盈且优雅而具有动力形态的舞姿。

舞者的思考逻辑会以为上身不动就是好的现象，但肢体是自由的，舞伴之间的配合与协调更不能受到束缚，身转动作能使得肢体肌肉产生松弛的作用，所以摆荡之前必须做好身转动作的准备工作：双膝松曲，自腿部以上将身体稍向前撑，双肩放松平放，背腰稍微撑紧，身体重力置于双掌。

开始移动后，舞步里所指的转度，指的是双足之间的转度，并非指身体的转度，尤其是女士，几乎只有前进与后退的动作，转度则全部由男士来完成。

2. 华尔兹训练方法

华尔兹标准跳法

标准跳法是指为华尔兹竞技比赛和表演而练习的跳法，必须严格地遵照规范。这些规范是：必须严格地按舞程线方位进行流动；华尔兹的起步应从斜墙位开始；三个旋回应不少于 270°；动作的设计和编排应考虑方位的可行性；脚部动作的程度和形态（指前进时应脚跟先落地、后退时应脚尖先落地，以及并合、开放、锁、刷、滑的准确程度和正直状态等）的规范性；标准握持及舞姿造型的准确性和艺术性；重心交替过程的稳定性和时机掌握的准确配合性等。这些要求，我们当然不可能一下子就通通达到，但只要坚持练习，就会水到渠成。

（1）康德拉交换

男进左，女退右。有侧身和 C、B、M、P。注意男士不可前脚掌先落地。上身稍加左旋转。双方观点同向。

第二只脚向第一只脚并拢，并上升至前脚掌，同时双方视点经上弧线运动向 P、P 转移，上身稍加右旋转。身体上挺。

形成 P、P 位，男进左，女进右。在上升运动中前拿运步，呈开放式形态。在最后一刹那落下脚跟，向下发展。

（2）侧行并滑步

节奏表现为一、二嗒、三，其中第二拍是一次并式滑步。第一拍在 P、P 位上男进右，女进左。

第二拍前半拍男左、女右横移一步变成 C、P，后半拍男右、女左滑脚并拢。注意这两步既要保持上升的态势，又要保持平稳的滑行，不可跳跃或颠跛。

第三拍由 C、P 变为 P、P，同时男进左、女进右。在上升运动中前掌运步，呈开放式形态，在最后一刹那落下脚跟，向下发展。

（3）O、P 式右转身 90°

O、P 式右转身 90° 是基本右转 90° 的变形式旋回。由于体位的变化而使脚位出现交叉动作。其余要求不变。

在右外侧 O、P 男进右、女退左。有侧身和 C、B、M、P。

右转 90° 男横左、女横右，形成 C、L 右倾斜。

双方并脚。（上升和运步的规律不变）

（4）后退顿滑步

节奏表现为一、二、三。第一拍就开始出现锁滑形态。

第一拍前半拍男退右，女进左，在肩部引导下出现倾斜，并向 O、P 发展；后半拍形成 O、P 位，男左脚锁在右脚前面，女右脚锁在左脚后面。第二拍男退右，女进左，向 C、P 位变化。男退左，女进右。回到 C、P 位。

（5）重倾斜

重倾斜也可以译作过度倾斜，就是被人们称作"下腰"的舞姿。实际上，女伴并不是在"下腰"，而是身体纵轴偏离垂直状态的过度表现。正确的理解是很重要的，因为"下腰"的概念很容易导致舞姿的走样或变形，形成如男伴俯身和女伴颈椎部分的错误形态。

在第一小节的第一拍或第二拍（依前一个衔接步的形态而定），形成男退左，女进右的开放式位置，然后紧接着在重心转移的同时开始左旋转。注意在旋转进行中，既要保持开放式脚位，又要保持C、P的体位。旋转运动的中心点在两人之间，不可以男伴为轴，而形成把女伴"甩"过去的形态。

整个第二小节，都应处于舒缓而匀速的过渡性运动中，恰到好处地形成造型。并使这种运动和第三小节的动作连成一气，不要产生中断性间歇。第三小节实际上是一个康德拉交换，不同的只是男左脚和女右脚都不再移动位置，而是合着重拍的音乐，用一个侧身动作，形成身体的右旋转动律，往下连接。

需要强调的是，重倾斜舞姿无论用在什么地方，都必须是男伴面墙位的，绝对不能在面中央方位上运用，而且必须保持C、P摩登舞华尔兹快步。

（6）开放式自然转

开放式自然转是一种退行式标准旋回，从逆L、O、D方位开始，到斜墙位结束。

男退左，女进右，当重心移到前掌时，开始右转90°。

男横右，女横左。在面中央位上开始大幅度右旋转，左脚和女右脚在旋转中保持横向张开的开放式造型。旋转度180°以上。

男落左，女落右，继续保持右转。

147

在左外侧P、O男退右，女进左。有C、B、M、P和倾斜，开始向左转回旋发展。

男进左，女退右，在左转动作中完成，向C、P位变化。

双方在并脚位上升。

（7）并脚式自然转

并脚式自然转是一种男伴用脚跟旋转的特殊变化。也是只能在男士逆方位上使用。

男退左，女进右。

男右脚向左脚并拢，并用脚跟向右旋转；女横左，并在旋转中并脚，但用脚掌旋转；在后半拍男士也将重心转移到脚掌，身体上挺，重心上升，向P、P发展。

在P、P位上男进左，女进右。

（8）纺织步

纺织步是一种体位交织变化的结构方式，又译作"迂回步"，有很多种跳法，这里介绍的是其中的一种。

从P、P位开始，男进右、女进左，当重心移至脚掌时，向左旋转。

男进左，女横右，形成O、P位。

男退右，女进左。在O、P位上继续向前（后退）运动并保持旋转的动律。

男退右，女进左，在左转动律中呈C、B、M、P状态。

男退右，女进左，经过C、P向P、P发展。

在P、P位上，男进左，女进右。

最后一小节接一个O、P右转身。注意体位变化的圆润和流畅，不可做成机械式的体位变化。

（9）电纹式左转开放

男进左，女退右。男在重心移至脚掌时，开始左旋车另一只脚呈前后开放式。

男落右，女落左。重心上升，另一只脚在空中向重脚并拢。

在 P.P 位上男进左。女进右。保持上升态势，形成开放式（旋转度可自行决定），女用脚后跟旋转。

华尔兹自娱跳法

临场即兴发挥的自娱性跳法，是建立在随机应变能力之上的。为了具备随意改变体位的"领舞"和"跟舞"的基本能力，我们先从最简单的踌躇步开始，做全方位的体位变化练习。

（1）踌躇步

踌躇步又叫"逗留步"（hesitatlon）或"平衡步"。在自娱跳法中，它可以用来作为交谈、变换动作或方位的过渡性转换，以及在人多拥挤时一边踌躇一边观望寻找合适位置的特殊舞步。这种舞步的变化形式较多，有一步踌躇、两步踌躇和三步踌躇之分。现在，以三步踌躇为例进行讲解。

第一拍，男进左，女退右。

第二拍和第三拍，双方都在到达的位置上，原地踮脚两次。男先右后左，女先左后右。

下一个小节的第一拍，男退右，女进左。

第二拍和第三拍，双方回到原来的位置，原地踮脚两次这里是进左退右的踌躇。请自己再练习一下退左进右的踌躇，并想一下不同的体位会有些什么变化。

（2）蹉踏步全方位的体位变化练习

首先由男伴确定一个固定的方向，向坐标——假如面对 L、O、D 方向，那么从斜墙位起，顺着逆时针方向，每隔 45° 作为一个方位点，到面墙位止共有八个点，现将这八个点分别确定为一种体位关系上的前进或后退的坐标。从起步点开始，每次变化都用蹉踏步在两点之间来回运动，这样就构成了一个"米"字形的运动轨迹，依次进行体位变化的进退（或退进）蹉踏。注意体位的变化应在返回起步点的后两个弱拍上进行。每次蹉踏（不论进退）都依男左女右的起步习惯循环。

①左外侧位的进退；

②关位的进退；

③右外侧位的进退；

④开位的进退；

⑤左外侧位的退进；

⑥关位的退进；

⑦右外侧位的退进；

⑧开位的退进。

当以上练习趋向熟练时，你的体位变化适应性能力就会自然地提升到一个新的层次。

这个练习本身也可以当成一种花样来使用，为了增强其趣味性，可以将第八次蹉踏稍加变形，成为非标准握持的单拉手式转身前进。

男士放开右手，用左手引导女士向反开位的方向转身前进。男进左、女进右，在后两个弱拍的踏步中男左转、女右转。

150

男士放开左手，换成右手单拉，引导女士在上一小节后面的男左转，女右转动律中，转身前进。男进右，女进左。后两个弱拍在踏步中改变体位，形成左外侧位。从头连接反复。

（3）锁链步的变化

全方位练习，使我们进入了一个新的层次。锁链步的变化和发展，便是这种进步的必然结果。锁链步，顾名思义，就是舞步的结构形式犹如锁链一样，每后一个环节都是前一个环节的串联性复制，环环相扣，连续发展。一般锁链都是原理相同而形态各异，锁链步形态的变化也是这样。这里介绍的只是三种常见的简单变化。但只要有了这三种基础性变化的能力，进一步发展是很容易的事。

①第一锁链步是左、右外侧位的结合，又名"交叉舞步"（cross step）俗称"穿花"，是锁链性变化舞步的鼻祖。只要掌握了这种变化的规律，其他的变化就迎刃而解了。这种变化舞步的内核是蹒跚步，第一步要大，后两步要轻盈而飘逸。体位的转换必须在后两步中呈滑翔状盘旋到位。常见的失误是忽略这种盘旋式的滑翔感，形成机械性的"为换位而换位"的横向运动，在练习中应特别注意避免或克服。

第一小节男进左，女退右，在左外侧位上运步。音乐结束时，应基本完成换位。

第二小节男进右，女退左，在右外侧位上运步。音乐结束时，应基本完成换位。依此方法循环前进。

第一锁链步也可采用男退女进的向后发展的形态运行。但必须注意，男退左，女进右的第一步，应当从右外侧位上开始，而不能在左外侧位上做男退左、女进右的运步，因为这将违背人体运动的规律，给人以不协调和不优美之观感。请记住这一点，并自行练习。

②第二锁链步是由外侧位和开位构成的。向前运动是左外侧和开位的结合；向后发展则是右外侧位和开位的结合。这是不能违背的法则，是不能变通的。

向前运动的第二锁链步，很容易形成一种原地进退的男士单独忙乱的失误。这是由男士领舞意识不强或能力不足造成的，在练习中应加以防止。正确的舞步发展形态，应当是沿舞程线方向做环形的曲线运动。

在左外侧位上，男进左，女退右，后两拍在盘旋中将体位向开位发展变化。

向环形运动的中心点做开位的男进右，女进左。后两拍转换成左外侧位循环练习。

③第三锁链步就体位关系而言，与第一锁链步完全相同，只是因为每一小节都经历了一次自身方向的 $180°$ 转体而增加了难度。运动程序是第一小节男进女退，第二小节男退女进；但总的前进运动方向都丝毫不受影响。

在左外侧位上男进左、女退右。后两拍各自侧转（向左 $180°$）向右外侧位转换。

在右外侧位上男退右、女进左。后两拍各自侧转（自右 $180°$）向左外侧位转换。

（4）左、右轴转步

轴转属于旋转性舞步，其审美趣味在于大幅度的旋转。旋转度可根据共舞双方的能力自行决定，但最好不要少于 $180°$。因为，旋转不足将造成"摔跤式"俯仰，不仅失去这种规定旋回的审美趣味，而且形态十分不雅。初学者可以先从 *180°* 开始，实力较强的舞者，则应练习超量旋转，若能超过 *360°* 者更佳。

轴转的基本形态特点是向后运动，退左则向右转，退右则向左转。右转比左转容易掌握，所以初学者最好先从右转学起。这种旋转在华尔兹里不能连续使用，必须在两次轴转中，加上一个后退基本步，才能换过脚来。

男退左、女进右。双方右腿内侧相靠，形成旋转轴心。注意男士的左脚在方向上稍偏左侧，并且暂不要急于转移重心，形成阻拦女士前进的格局，后半拍转移重心时，男士右脚在脚跟不离地的状态下，脚尖向右侧摆动，这种动作既可以是原地的，也可以是移动状态下的，此时旋转已经开始。

在完成 *135°* 右旋转的情况下，男落右、女落左。注意女士切不可存在"跨越"男士右腿的想法，而是在一种前后张开的开放式形态下，自然地转身落脚。

双方在继续旋转中并脚，并继续保持重心的上升（男左脚向右脚并拢，女右脚向左脚并拢）。

左轴转是右轴转的对称性同义反复，方法要领不变。只是按照男左女右的起步习惯，必须先做一个基本步，然后才能进行。

（5）开位同步引导女伴单独右旋转

在开位同步前进的状态下，每当遇到男进左、女进右的时机，男士都可以引导女士跳出此种变化。

男士出左脚，同时抬高左手并推动右手，形成引导的动力。女士在其引导下自然地向右后方旋转 *360°*。注意脚步要合上节拍，旋转要轻盈流畅。男士的左手一定要向上领，不可像推磨一样绕颈而转。

女士旋转结束后，回到男进右、女进左的开位同步状态。

　　上述变化舞步的衔接方式，完全可以随心所欲。只要我们弄清了每一种变化的结构方式及其规律，即使是创新动作，也不会觉得困难，不过有两个原则是不能违背的：一是脚步交替的规律不能破坏；二是必须考虑衔接的流畅和通顺。

第八节　快步舞的学习训练

1. 快步舞的基础知识

快步舞，将芭蕾舞中的一些小跳动作融合在内，而显得更加轻快灵巧，更具技巧性和艺术魅力。

快步舞的起源

快步舞起源于英国，最早原是黑人的土风舞，以后逐渐演变。快步舞与波尔卡有着密切的关系。波尔卡是捷克民族舞蹈，早在 *1825* 年就有记载，后来传到法国首都巴黎，著名的舞蹈家采拉利乌斯把它带进沙龙，在 *1840* 年公开露面，到 *1844* 年就风靡世界，在欧洲舞坛上和华尔兹媲美。早期的快步舞和狐步舞连在一起，流传到英国后快步舞经过衍变，逐步发展并成为快步舞。*20* 世纪初期快步舞进一步发展，至 *1924* 年英国皇家舞蹈教师协会公开发表慢狐步舞与快步舞,从此快步舞才从狐步舞中脱离。因此,快步舞吸收了狐步舞的动作,后又引入芭蕾舞的小动作，使舞蹈动作更显轻快灵巧。

快步舞的音乐为 *4/4* 拍，每分钟 *50* 小节，基本节奏是慢慢快快（SSQQ），慢快快慢（SQQS），风格特点是轻快活泼，富有激情，舞步洒脱自由，饱含动力感和表现力。

第一次世界大战时，快步舞在纽约郊区得到了长足发展，起初只在加勒比地区和非洲有人跳。后来，在美国的音乐厅初次登场就立即在舞厅里流行起来。狐步舞和快步舞有着相同的起源，20世纪20年代时很多乐队都将慢狐步舞演奏得很快，因此引起很多人的抱怨。后来发展成为两种不同的舞，慢狐步舞的拍子被减慢，而快步舞则变成了狐步舞的快版本，每分钟48小节。查尔斯顿对快步舞的发展有着深远的影响。

快步舞的特色

快步舞动作轻快活泼，富有跳跃性，舞步圆滑流利，奔放灵活，快速多变，令人目不暇接，极富魅力，能引导人们进入欢快活跃的气氛，尽情地享受快步舞所带来的欢乐，显露青春活力，给人以美的愉悦。快步舞因步子很快而得名，又因其具有轻快灵巧、活泼欢跳的风格特点而有"欢快舞"之称。

跳快步舞时要掌握好基本的动作和身体的感觉，快步舞富有技巧性，所以要松膝，控制好身体重心移动，因为快步舞的动作较快，有跳跃步、转动、并步，而跳跃步是最具有感染力的，做跳跃步时不要跳离地面过高，只要足尖刚刚离地即可。快步舞在体育舞蹈中属于侧行运动，所以在跳快步舞时要注意这种侧行运动的方式。快步舞是摆荡加快速移动，即要跟上节奏又要使动作不变形，所以要注意重心移动和摆荡的运用。

快步舞的音乐是4/4拍，每分钟50～52小节，音乐欢快，节奏感强，基本节奏为慢快快慢、慢慢快快，升降形态通常为：第一步结尾时开始上升，第二、三步继续上升，第四步保持上升，结尾下降。

不同的舞步有不同的升降方式，但是升降大都是依狐步舞的形式，也有的舞步是依华尔兹的升降形式，因此要掌握好升降的运用和舞步的技巧。

2. 快步舞的训练方法

基础级组步

直角转步；右旋转步；右转步；右转踌躇步；右轴转步；直行追步；进锁步；退锁步；交叉追步；左轴转；换向步；双左旋转步；右醉追步（在右转步的 *123* 之后）；右醉追步（在退锁步的第四步之后）；追并左转步；曲折步，退锁步与跑步结束。

中级组步

快分式左转步；右直行追步；滑雪形转步；交叉回旋步；鱼尾步；四快跑步；右转步，退锁步与跑步结束；右转跑步；*V-6* 步。

高级组步

六快跑步；盘旋截步；伦巴交叉步；跟跄追步。

练习要领

（*1*）脚踝练习

两脚并拢，脚向地面做功产生力源压力，推动重心由脚跟向脚尖移动，同时提起脚跟；还原要经脚尖、脚掌、脚心、脚跟控制垂直落下，反复多次练习。

注意要领：两腿大腿根肌肉内缘夹紧；膝关节要始终保持放松（保持微曲延伸不要挺直）；一定要先向地面用力后再向前移动重心；上身要放松保持竖轴直立；脚跟提起后大腿后面肌肉向前继续用力经小臀肌、大臀肌使胯关节到位（完全送至脚尖上）。

（2）弹跳练习

两脚分开，两膝内扣，两脚踝内侧着地，重心移至一脚上，重心脚弹跳移向另一脚位置时，另一脚迅速弹开。

注意要领：移动时是主力脚向下压地推动整个身体移向动力脚位置；始终保持两脚内侧脚掌着地；整个移动过程身体要保持竖轴直立；意识要向前向远；两腿膝关节要一直放松保持弹性；两膝、两脚踝要一直内扣，档部始终要夹紧；收脚要迅速；重心移动要到位；重心转换要快。

（3）训练节拍

快步舞的节拍为 4/4，速度为每分钟 52 小节，基本节奏（同布鲁斯）是：强、弱、次强、弱 1 强、弱、次强、弱。一般舞步慢步占两拍，快步占一拍。舞厅舞中多反复使用 SSQQ 的四常步，所以叫作"快四步"。

第九节 街舞的学习训练

1. 街舞的基础知识

街舞的起源

街舞，也称 Hip-Hop，来自黑人街头舞蹈，所以另一种叫法是 street-funk。街舞因其轻松随意、自由个性和反叛精神而理所当然地受到年轻人的喜欢，走进了健身房。

Hip-Hop 是各种街舞的总称，包含了机械舞、霹雳舞等。它起源于美国街头舞者的即兴舞蹈动作。这些街头舞者以黑人或是墨西哥人为主，这些流行的街舞多半发源于美国纽约的布鲁克林区，一些黑人或是墨西哥人的孩子每天在街上以跳舞为乐，形成各种派系。

1992 年初，出现了一种"原地性的 Hip-Hop"，它没有那些大幅度的动作和脚步移动，更没有霹雳舞中那些在地上类似体操的动作。它的独有风格在于注重身体的协调性，重视身体上半身的律动及许多头部、手部的动作。

在专业健美操运动员的日常训练中，常用这种 Hip-Hop 来训练运动员的协调性、表现力等综合素质，有时也会做表演之用。街舞的外在表现时尚、运动强度适中，所以它进入健身房便成为可能。不过健身房的街舞在动作的选择上更注重安全性、锻炼价值、健康向上及个性表现力，所以练习者在消耗脂肪的同时，也缓解了精神压力。另外，健身房里的Hip-Hop对于调节练习者的心理所起的作用更为突出。因此，有人称之为"唯一让人带着笑容进行训练的运动"。

街舞的发展

Hip-Hop是各种街舞的总称，从20世纪70年代美国纽约市较低层的黑人社区布朗克斯发源，字面上的Hip是臀部，Hop是跳跃，Hip-Hop可以说是一种自动自发的精神、勇敢尝试的生活态度。Hip-Hop从单纯的音乐形态涉及生活方式和精神，看起来简单却很复杂，早期的Hip-Hop包含四个元素：地下涂鸦、街舞、唱片、说唱，发展到今日更涵盖了衣着、说话，以及极限运动，如滑雪、滑板、冲浪等。

Hip-Hop有早期的old school和后期的new school，前者音乐节拍较密，动作偏向单一的技巧表演，而后者手脚并用，不再偏重单一技巧，同样一段节奏内，new school显得更多变与流畅了。

街舞是一种民间舞蹈，兴起于20世纪80年代的美国黑人青少年中，是美国黑人"嘻哈文化"的组成部分。它有一般有氧运动改善心肺功能、减少脂肪、增强肌肉弹性、增强韧带柔韧性的功效。

中国青少年最早接触街舞，始于20世纪80年代的美国电影《霹雳舞》，当时的霹雳舞就是现在 Breaking 的前身。随着中国青少年对街舞理解的深入，他们逐步回归街舞的本源，以中国青少年的眼光和特点来实践街舞。

除了早期的霹雳舞，自 20 世纪 90 年代开始，全国各地的青少年就已经开始练习街舞。北京市、上海市、广州市因为资讯发达，街舞发展比较早，河南省郑州市由于中原武术文化与街舞关系密切，Breaking 舞蹈也起步较早。现在，全国各地都有练习街舞的青少年，在各个城市的街头广场都可以看到他们训练的身影。他们还经常组织小型的比赛，最出色的舞者能够赢得众多青少年的推崇。

随着全民健身活动的兴起，街舞作为健身运动的一种也进入了各大城市的健身中心。许多舞蹈、戏曲、杂技的专业从业者也开始练习街舞，街舞在各个艺术院校中广为传播。在大学校园中，许多舞蹈社团也组织起来练习街舞；中学生利用课余时间从事街舞活动则更为普遍，他们在各大城市的居民社区中形成青少年所特有的社区文化。作为一种为青少年所喜爱的文化体育活动，街舞在全国各地已经广泛传播开来。

街舞在中国的发展

对于我国来说，广州市是街舞运动发展得比较早的城市之一。与北京市，上海市一样，广州市由于咨讯发达，有着开展该项运动的先天条件，早在 1995—1996 年已经有青少年开始参与该项运动，1999 年—2001 年是广州市街舞运动的一个高峰期，现在广州市的街舞运动逐渐成为青少年的一项大众运动，也开始逐渐进入健身房，为更多群众所认识，所以广州市的街舞运动水平在广东省乃至华南地区均处于领先地位，与北京市、上海市等华中和华北地区形成三足鼎立的状况。在近两年全国性的街舞大赛中，广州代表队均取了得很好的成绩，给全国观众留下了深刻的印象。

街舞最早起源于美国纽约，是霹雳舞和爵士舞发展到当今年代的产物，它的动作是由各种走、跑、跳及其变化，以及头、颈、肩、上肢、躯干等关节的屈伸、转动、绕环、摆振、波浪形扭动等连贯组合而成的，各个动作都有其特定的健身效果，既要注意上肢与下肢、腹部与背部、头部与躯干动作的协调，又要注意组成各个环节的各部分独立运动（比如：一个上臂动作的完成是从手指、手掌、前臂，直到上臂与肩部的各种活动的有机结合）。因此，街舞不仅具有一般有氧运动改善心肺功能、减少脂肪、增强肌肉弹性、增强韧带柔韧性的功效，还具有协调人体各部位肌肉群、塑造优美体态、提高人体协调能力、陶冶美感的功能。

由于这种舞蹈出现在街头，不拘于场地器械，所以称为"街舞"，并且具有极强的参与性、表演性和竞赛性。在逐渐的发展中，街舞青少年形成一种共同的思想理念和行为方式，他们以街舞来张扬个性，展示青春的活力和激情，表达勇于进取的生活态度，他们强调的是"做自己，享受生命，勇于挑战"的理念。

街舞的特点

①街舞训练是小肌肉群的运动，它很好地弥补了其他健身项目的局限，使锻炼更全面，同时由于它的动作多出现在音乐的弱拍上，

使动作的韵律更富有变化，强度更易于减肥健身，提高协调能力。

②西方街舞形式随意，有些动作要求技巧性很强，如练习不当，对身体某些部位可能会造成损害，为了达到科学、安全健身的目的，现在国内的街舞课程不选择高难度的技巧动作，而是突出健身性、娱乐性、欣赏性，便于大众接受。

③街舞的动作变化极其丰富，专业街舞教练在练习者掌握动作要领之后，在动作表现方面会给练习者更大的发挥空间，让他们听着动感强烈的音乐，按自己的理解和个性去表现动作，这种独特的练习方式更能激发练习者的热情，使他们充分展示自我，在忙碌之余，使疲惫的身心得以充分放松。

街舞所具有的即兴、率真、轻松与激情、有活力的特征有助于身心的放松，这与街舞动感的节奏、尽兴的翻腾和宽松的着装有关。它没有特别固定的风格和模式，每个人跳出来的感觉都不一样，容易释放自己。

街舞的分类

Hip-Hop

人们最常接触的一种舞蹈，它有着幅度大而简单的舞步，能够表现出复杂的舞感。因为容易学习，跳起来也相当好看，所以深受大众喜爱。

Popping

机械舞，运用身体各部位的肌肉和关节，随着音乐的节拍，加上自己丰富的想象力，创造出令人惊讶的舞步，属于难度较高的街舞类型。

Breaking

霹雳舞，也是一种难度较高的舞步，大体上可以分为两种类型：用手、头、身体在地上旋转，称为"大地板"；用肢体在地上踩出复杂变化的脚步动作，加上刁钻的倒立，称为"小地板"。当然，跳舞的同时也可以随意去搭配你所想表现的动作。

Freestyle

这是一种出神入化的舞步，它将各种类型的舞蹈混合在一起，随心所欲地表现，没有舞蹈风格的限定，脱离一般舞蹈的规范，可以说是一种个性化的街舞。

House

随着浩室音乐，运用复杂而神奇的步伐表现的一种舞步，它可以加上拉丁舞的扭腰、武术的空翻、踢踏舞的基本步及芭蕾的转圈，跳起来既可以十分优雅，也可以相当狂野。

以动作为标准，街舞分两大类：Hip-Hop 和 Breaking。

Breaking 是技巧型街舞，要求舞者具有较高的力量、柔韧性和协调性，属于技巧性较高的体育舞蹈，所以最先为国内青少年所喜爱。跳这种类型舞蹈的青少年叫作 B-Boy 和 B-Girl。

20 世纪 80 年代，被称为 "Hip-Hop 之父" 的 DJ Kool Herc 创造了 B-Boy 的概念，也就是 breaking boy。每年，全世界的许多国家都有一些为 B-Boy 举办的比赛，较有名的是每年一度的 BOTY（battle of the year）和在英国举办的 B-Boy Champion，超过 10 个国家的百名参赛选手会参加这样的盛事。比赛的优胜者很快就会声名远扬，成为青少年的崇拜对象。

Hip-Hop 为舞蹈型街舞，有 popping、locking、electric、turbo、house 等多种风格。它们都不像 Breaking 那样需要较高的技巧，但更要求舞者的动作协调性和舞感，以及肢体灵活性和控制力。好的 Hip-Hop 舞者同样需要艰苦的练习。由于 Hip-Hop 不如 Breaking 那样技巧性强，也缺乏竞赛性，以前没有受到街舞爱好者足够的重视，现在随着舞蹈观念的增强，这种情况有所改变，甚至 B-Boy 也开始练习 Hip-Hop，并出现了许多全能型的街舞好手。

还有一种说法是，街舞统称为 Hip-Hop，包括两大类——Old school 和 new school。old school 舞蹈又包括锁舞、机械舞、霹雳舞、电流，而 new school 一般更"温和"，没有太大幅度的脚下移动，只增加了许多头部和手部动作，重视的是身体上半部的律动。在同样的一段节奏内，new school 显得更多变而流畅，更加崇尚自然流露，而 old school 音乐节奏较密集。

在我国，街舞目前被分为健身街舞和流行街舞两大类。健身房里的街舞叫作"健身街舞"，它是把流行街舞所涵盖的内容中最基础、最简单，并且有利于身心发展的部分提炼出来组合而成的。

街舞的兴起，代表了一种新的文化在迅速地蔓延，街舞的拥护者都是一些青少年。他们在跳街舞时，完全地享受其中，不受约束。而且街舞也是展现自己的一种方式，通过舞蹈动作，可以看出一个人的性格，刚强、优柔，抑或灵巧好动。

在舞蹈的同时，那强烈的富有节奏感的音乐也是其一大特色。音乐衬托出舞蹈的独特与创意，两者之间的结合，让人更觉舒畅。

对于街舞爱好者来说,许多高难度舞蹈动作就是他们追求的目标。街舞将这些动作融化成生命的一部分,让人感受其中的奥妙。街舞为人们提供了一个巨大的展现平台,让人人都成为焦点。

街舞文化

街舞是从美国传过来的,是一种充满力量与美感的舞蹈,它充分地表现着一个人的个性,把情感和身体的扭曲通过强劲的音乐融为一体,很多人喜欢这样的个性,喜欢这种通过身体力量造就的美感。这是街舞本身的魅力。

为什么要说街舞是种文化呢?

我们需要个性,需要丰富多彩的生活,需要被别人重视,需要人们的认可,所以我们用街舞呐喊,用街舞表达我们的情感。

虽然早年 rap 音乐并没有在中国形成太大的影响,但当它随着其他表现形式组合成一种被称为 Hip-Hop 的新文化到来时,很快地就得到了中国年轻一代的认同,这也许又是多元文化战胜单一文化形式的一个实例。

早年 rap 之所以没有在国内普及开,也是因为历史的积淀让我们很难在旋律以外的音乐里得到美感,而 rap 这种典型的黑人说唱音乐更是因为其多变的节拍难以在当时的中国盛行。

不过当涂鸦、舞蹈和采样这些新鲜好玩也易学的东西伴随着音乐而来时,青少年首先开始喜欢上了。不过,事实上有很多的中国青少年只是把即兴涂鸦、穿着打扮、言谈举止当作是 Hip-Hop 文化的精髓,反倒是把作为主体的音乐当成了一个附属品,这样的结局当然是

Hip-Hop 文化在中国表面上是红红火火的，其关键的音乐部分，尤其是混音的技巧和节拍的多变这些真正意义上 Hip-Hop 重要的组成部分却几乎没有人去重视。

当然，这也和文化背景有关，Hip-Hop 作为一种黑人音乐文化，其实是因为 20 世纪 60 年代美国黑人民权运动之后，相比于白人，整个社会并没有给太多的机会让黑人登台表演甚至是出唱片，这才让大量天生具有韵律感的黑人青年走上街头，用音乐来表达自己的境况、遭遇和苦闷。

而当 Hip-Hop 进入中国后，没有那些沉重的历史因素，更多形式上的东西浮现出来，因为与以前听过的音乐都不同，所以更多的中国青年便将它视作一种新的生活方式，并以它作为载体来发泄自己的情感。

在中国改革开放这几十年来，从文化上我们所经历的更多的是形式的更迭，所有的文化受人尊崇都或多或少和潮流有关，"意识流""重金属""抽象派""朋克"，包括现在的 Hip-Hop，只有当两种文化真正交汇交融，形成一种真正意义上的新文化孕育出来时，那时的 Hip-Hop 才更有魅力。

街舞文化发展的争议

（1）"全副武装"泛滥

街舞文化最直接表现于服饰。而年轻人服饰的变化，直接反映了街舞文化带来的影响。

《华盛顿邮报》指出，这种原本休闲随意的生活方式，在年轻一代身上被夸大化、极端化。

Hip-Hop 作为时尚潮流，带来的不应仅是几身宽松肥大衣服与夸张的装饰品。它最本质的内涵应该是一种生活态度，轻轻松松活出个性，不需要刻意模仿别人，也不需要穿着极端化。

（2）对其他娱乐活动造成冲击

Hip-Hop 所带来的第二大变化，是正式交际舞舞场的变化。《纽约时报》报道称，高中结束学业的年轻群体，热衷于迪斯科、摇摆爵士乐，而优雅的传统双人舞成为这些毕业生的"弃儿"。

类似街舞等快节奏音乐的发展，带动了正式舞场交际舞舞姿与旋律的变化。佛罗里达州州立大学教授萨利·苏摩尔专门研究交际舞。他指出："交际舞正在改变，这很大程度上源自社会行为的变化。"

《纽约时报》的调查显示，舞场的年轻人有些非常喜欢现代街舞的风格，认为这更能展示青春活力。节奏舒缓的双人交际舞，原本是展示男士绅士风度、女士典雅气质的最佳方式，但如今这种双人舞在年轻一代中备受冷落。

年轻人展示青春活力的街舞，原本只属于休闲娱乐的一种，培养内在气质与品性的其他娱乐也不可荒废。

（3）"时尚旋风"刮多久？

有人认为，核心是展示个性的 Hip-Hop 生活方式，符合时代发展潮流，也代表未来展示个性自由的发展精神。但也有人认为，Hip-Hop 作为新一代的流行时尚，它的存在与发展会被盲目炒作与跟风，最终也会受到冷落。

新一代的青少年对于街舞这种娱乐休闲方式，一直缺少专业而且正确的引导。目前，针对 Hip-Hop 文化，"街舞青少年"需要培养一种共同的思想理念和行为方式。

以街舞张扬自我个性，展示青春的活力和激情，表达勇于进取的生活态度——这才是街舞流行的最大价值。

街舞精神

Hip-Hop 最早是在黑人中传播的，但一直到 1985 年以后，才被广泛接受，并且逐渐成为主流音乐。

街舞一定要有个人风格。有了创造性之后，每个人都可以拥有自己的招牌动作，而不是简单地重复前人的技巧。

有个性的张扬，也有风格的纷争

街舞中有个性的张扬，也有专业的探究。其实在跳街舞的青少年的世界里，自由自在并不是唯一的情感，个人的技术也是其追求的目标之一，更深入的还有团体的合作等。

自广州市第一届流行前线街舞大赛后，广州市街舞发展迅速，出现了许多新的街舞队。如今，这些街舞队除了参与一些商业表演，还经常参与电台、电视台、中学、大学及慈善机构等的义务演出，目的是宣传街舞文化，"让街舞成为广大青少年健康的课余活动和爱好"成了这些街舞队的宗旨，至今他们还是坚持这种以宣传为目的的公益活动。

街舞风格可以分为 old school 和 new school 两大派别。在街舞玩家中，一派以 old school 风格为主线，继承了"硬派"作风，平日大家凑在一起练习的时候，也多是各有各的主张，根据个人的特点探究不同的舞蹈技巧，于是街舞的表演成了个人的舞台，音乐响起的时候轮流上台进行一段具有个性的演示，展示平常锻炼的成果，得到自我的满足。另一派则推崇 new school 的概念，New school 早在 20 世纪 90 年代已被提出，传到广州也不到 2 年时间，新、旧的不同在于后者更加崇尚自然流露，而且非常适合一组舞蹈者共同演出，动作整齐，舞蹈的编排也更具有故事性。一"硬"一"软"，既对立又统一，"硬派"以 breaking 出彩，"软派"则以 popping 和 Loc-king 见长，但两者也有相互融合的时候。如今的街舞比赛不但注重舞者的个人技术，同时也注重整体的编排效果，所以跳 breaking 的人也要学会与音乐节奏紧密结合，把 Hip-Hop 的真正内涵体现出来。

街舞的种类

（1）霹雳舞

霹雳舞动感和节奏感非常强烈，跳起来可以尽情尽兴。那么，霹雳舞是如何来的呢？

霹雳舞起源于美国，它的创始人是美国东海岸黑人歌星詹姆斯·布劳德。他于 1949 年在电视上唱新歌时，自己创作了一种稀奇古怪的动作，青年竞相模仿，并在街头进行跳舞比赛。这种舞蹈传到美国西海岸的洛杉矶后，又出现了模仿木偶机器人动作的舞蹈。近几年来，美国东、西两岸的两种街头舞蹈结合起来，深受青年的欢迎，因这种舞蹈大都在街头表演，故又称"街头舞蹈"。

这种舞蹈的英文名字为 break dance，中文译为"布雷克舞"，也有人形象地译为"霹雳舞"。对于跳"布雷克舞"的人来说，"霹雳舞"是个专用名词，只有那些贴近地面，以头、肩、背、膝为重心，迅速旋转、翻滚的动作才叫"霹雳"。模仿木偶、机器人或月球漫步的舞步，是"布雷克舞"的另一种形式。

breaking、break dancing、break dance 都是霹雳舞，早期的霹雳舞叫作 B-boying，是 20 世纪 60 年代末 70 年代初起源于美国纽约布朗克斯区的一种技巧性很强的黑人舞蹈。霹雳舞者称为 B-Boy（霹雳男孩）或 B-Girl（霹雳女孩），这里的"B"代表 break、beat、bronx 或者 boogie，后来被广为接受。

①首先掌握最基础步法——分别以不同脚的脚跟或脚尖交替移步。此步伐要多练，以它可以引申出多种步法（如侧滑）。

练习方法：向左，向右，来回移动；膝盖打直，或膝盖大幅度弯曲移动。

②振肩和扭胯。这两个动作练习者普遍力度和幅度不够，要不断在这方面加强训练。注意扭胯要和其他动作有机地结合在一起，要有一体感。

练习方法：找一个有固定鼓点的音，跟着鼓点较夸张地做动作，每次反复 1～2 首歌。

③甩腿。其技巧就在于小腿的放松，是以大腿带动小腿甩动的，大腿甩动要快、有力，小腿每次仿佛都是撞击到膝盖上的，仿佛是弹腿一般，切记要放松。

练习方法：试着放松小腿，以大腿的力量用力甩动，向前50～100 次，向旁边 50～100 次。

④各个动作的加速度。用直白的话说，就是让每个动作的过程尽量缩短，同时注意定格动作的标准性。宁可到位后停一秒，也不要过程中误半秒，不然会显得动作"软"、拖沓。还要注意对体力的训练，一般动作"软"在累时会不自然地表现出来，踢腿和转身都要注意此项训练。

练习方法：对几个特有的动作不断练习，从节奏到位置，让其成为自己的动作，即随意便能做出。

⑤旋转。旋转这个技巧有些类似于拉韧带，必须要常练，不能停止。首先要掌握旋转的正确方法，然后就是基本功的练习，可以说这个舞姿是最考验基本功的了，旋转的圈数取决于大腿力量、左脚前脚掌耐力、身体在旋转中的平衡性和协调性，还有就是技巧性。

练习方法：大腿力量（标准蹲马步 3 ～ 4 分钟）、左脚前脚掌耐力（右脚悬空在左脚内侧，左脚脚后跟离地，脚趾向上勾，让鞋底面与地面的接触面积尽量小，保持一首歌的时间）、平衡性和协调性需要多转来体会。

⑥动脖子。

练习方法：让身体的一个侧面完全与墙相贴（脚、腿、胳膊、肩），努力让自己的脸朝向墙，每次坚持 20 秒，反复 10 次，换边。两边都练完后双手扶肩对着镜子试着动一下。

⑦打响指。要注意的是打响指时的甩手动作。

⑧手型。惯有手型要注意，跳舞时手不是放松的，要保持手型，不然会很难看。

⑨滑步的练习。滑步的练习要从原地滑步开始练，练时两只脚

都是紧张状态，要练习每个脚脚尖的抗力程度。

学习霹雳舞首先最基本的就是要养成脚跟着音乐动的习惯。开始先找一些节奏适中又稍微有点变化的曲子，先学会用脚去点拍子。这个时候一定要注意脚步要清晰、压拍要准确。（跳任何舞这一点都是关键）等到了自己觉得很自如的时候就可以找一些有点难度的节奏更快更多变的音乐练习。不过，在这时可能会觉得力不从心，总觉得这一拍的脚步还没收回来下一拍就来了，这就要多练习，而且动作的幅度尽可能大。（动作的幅度越大对速率的变化就越高，速率变化越夸张视觉效果就越好）像这样的练习就要慢慢除去自己本身脚步的固定节奏，练多了听到音乐不用思考，舞步自然就出来了。

现在再来谈谈怎样丰富自己的舞步。

首先，可以到别的舞种里去学。只是要注意因为跳 breaking 的时候用的音乐不一样，所以那些舞步的速率变化方式也不一样。其实，不一定非要在街舞的舞种中去找灵感，很多其他舞种的脚步都有很多值得学习的地方，推荐踢踏舞和牛仔舞。

在 breaking 里面，除了 toprock 其他的东西都是要靠惯性来完成的（或者说利用惯性完成出来的动作才好看）。而要利用惯性的话就要在特定的时候加力。谁能够保证需要加力的那一刻正好就在拍子上呢？对于 footwork 来说，要注意利用音乐。对 power moves 来说，可以等到有合适音乐的时候再去做。但是对于 footwork 来说就不是这样了，只能随着音乐的走势和快慢，尽量地不去破坏惯性。

利用音乐有很多诀窍，其实 footwork 完全可以运用身体的上下起伏，身体伏在地下的时候双腿摆动，双手支撑身体，一只脚在后面点步来做到完全跟拍。但是，这样一来动作会很单调，而且缺少视觉冲击力。不能为了刻意跟拍而丢掉了 breaking 的最大魅力所在。所以，利用音乐的绝招还是一个字——停。而在 footwork 中的"停"有一个专有名词"freeze"。

其实，freeze 并不一定非要是只有头和手之类的部位着地。只要是在做 footwork 的时候配合着音乐很干脆地摆一个姿势都叫 freeze。最早的时候，freeze 就是这样的，只是后来随着 breaking 的发展才慢慢地出现了各种各样的高难度 freeze。但是，慢慢地 freeze 失去了它本来的作用，变成了 break dance 的主体了。干脆是 freeze 最重要的东西。

关于 footwork 和 freeze 还有很重要的一点，那就是这二者的衔接。作为舞蹈，就一定要流畅，所以这二者的转换尤为重要，一定要做到浑然一体。而且不一定就非要 footwork—freeze，完全可以随着音乐和惯性自由组合。这样既不单调，又不失舞蹈性。

所以，练习的时候不能把各个部分分开练习，这样才可能做到浑然一体。而且，footwork 和 freeze 都是很讲惯性的，一起练反而更容易一些。

在这里给出几点建议：

①惯性对 power moves 来说尤为重要，练习"风车"，要先把第一圈练好了再开始学接圈。

②学会掌握时机。

（2）机械舞

身为 Hip-Hop 与 popping 的爱好者，不可以不知道 electric

boogaloo 的历史源起。boogie 和 break dancing 的历史可以回溯到 *1974* 年。electric boogie，在英国有时候被叫作 body-popping，是一种非常特别而且有趣的舞蹈风格，它是一种错觉式的舞蹈风格，这种舞看起来就像是舞者被一种力量所控制住，然后做出一些奇异的动作。

机械舞的历史可以追溯到它变得商业化、十分流行之前开始说起，如 moonwalk 这个动作就是由喜剧演员所发明的。

机械舞开始变得商业化大约是在 *1974* 年夏天，一个具有强大影响力的团体 Shields and Yarnell 出现，他们是两个非常有天份的喜剧演员。他们第一次公开的表演是在旧金山的联播网中，然后他们开始成为电视节目的特别来宾，他们创造出属于自己风格的机器人舞，在 *1977* 年他们有了自己的夏日秀，将他们的事业推向高峰。他们有自创的表演，身体在同一个时间中只有一个部分在移动，然后滑过地板，就像他们身上装了轮子一般。很多人在看秀的过程中不只看到喜剧演员的表演，还有舞蹈。后来，越来越多的人开始去学做这样的动作。

机械舞动作名词介绍

pop：

pop 就是一种震动身体不同部位的动作，这是要靠震动肌肉来达成的。这是非常需要韵律感的，而且需要配合 popping 风格的音乐，可以靠着伸直你的手肘来做 popping，也可以将肩膀隆起来做 popping，而身体的其他部位都要保持直立。

locck 或 locking：

locking 就是身体做一些很快的动作，然后在一个动作停住。

tick：

tick 常被用在机器人舞中，是 electric boogie 中很重要的一个部分，这个动作给人一种错觉，就好像这个人天生就像机器一般，停下来或开始动作的时候都会有一个震动，做这个动作就是要靠震动肌肉，法国的喜剧演员称这种动作是 clique。

floats 或 glides

float 或是 glide 会给人一种错觉，好像脚在走路时有一种特定的程序，这个动作给人一种感觉好像想往东走，但实际上脚却是在往西走一样，最著名的舞步就是 moonwalk。

slowmove

slowmove 做起来就像是在电视上看到的慢动作回放一样，通常舞者会把这个动作和 moonwalk 一起做。

wave

wave 是从四肢开始的波浪的动作。它给人一种错觉，就像是有一股看不见的力量穿过整个身体，从一个地方开始，穿过手掌、手臂，整个身体最后停在脚下。波浪的动作是一个标准的动作，包含在每一个舞蹈的例行动作中。不像其他的舞蹈动作，这个动作是流畅连贯的动作，应该是有精神的或是充满律动感的。波浪的动作从 pop 中吸取了不少的风格，做 pop 时如果有一个路径环绕全身，做起来会更加顺畅。

mannequin 或 robot

mannequin 或 robot 是一个已经存在很久的机械舞蹈风格，它就像是模仿一个展示用的假人在现实生活中动了起来。后来，从 mannequin style 中又分离出两个动作。一个动作是舞者就像是被线牵引的傀儡一般，行动不自由，无法自主，人被其他人所牵引着，电视上的喜剧演员会做这样的表演，最经典的动作就是同手同脚向前移动。另一个风格就是机器人，这个动作就是四肢做动作时被一个固定的速度所控制，然后突然停住或是用 tick 停住，就像是只有机器人才会做的动作。通常在一个时间只移动身体的一个部分，动作要做得很制式化。

king tut（埃及皇）

这个动作就好像是挂在墙上的埃及壁画及宫殿般的感觉，它包含了摆手的动作，肩膀和手肘成 $90°$，前臂可能是上或下、弯曲或扭转，可能远离或靠近，手可能要循环上下或是循环地扭转，这要和 tick 一起做，就像机器人舞蹈的风格一样，每一个动作都是分开的。

lean

lean 给人一种错觉，好像人倚靠着某一样东西，可是这样东西实际上却又不存在。

collapse

collapse 通常和 mannequin 结合一起做，这个动作做起来就像是一个轮胎泄了气一样，或者是像一个被剪断了线的傀儡。

heartbeat

heartbeat 是一个很受欢迎的动作，看起来就像是心脏正在胸腔里跳动一样，通常舞者会一边做动作一向前走，这会给人一种错觉，好像是心跳推着人前进一样。

bicycle

腿部的动作给人一种印象像是在骑脚踏车一样，这个动作通常会结合手往前放的动作，给人的感觉像是正抓着脚踏车的手把。

toe 或 heelwalk

toe 或 heelwalk 通常和 mannequin 一起做，包含：用一只脚的脚指做旋转，再配合另一只脚的脚踝一起，然后再将重量移转到另外的脚指及脚踝上。做得好的话，动作会非常流畅，看起来就像是滑过整个地板一样。

cobra（king cobra）

舞者用一只手做波浪的动作传到另一只手去，然后再送回来，但是只用到肩膀。

animation

用身体去做像影片般一格一格的分格动作。

three Dimensional tickin

包括在同一个 tick 中，身体做 3D 般的效果。

pausin

短暂停止或暂时停顿一个动作。

electric shock

看起来就像是有一股电流通过身体一般。

water wave：

缓慢做波浪的动作并摇动身体，创造像水波般的效果。

第一，手部练习的方法。

①把两只手摆成一个很像骑马的姿势，手指往下放，要感觉到很轻松的感觉。

②手腕往下压，手指部分往上，手腕向下压的时候能够看到你的小手臂有一个凹洞，反复练习。

③在练习当中，看看手的上半部分，肌肉有没有爆破出来，要是有，再看看胸部与手臂相连的那部分有没有跳动，以及背部的肌肉有没有跳动。手腕向下压时，胸前的肌肉稍微有点跳动的感觉，但是要注意的是：不是胸部往前，而是胸肌向上跳动。

刚开始练的时候背部肌肉部分的跳动可能还不明显，要强加练习。要注意的是，练手的时候肩部不要用力，用力都在手腕上。手部的练习也要配合上脚部的练习才好。

第二，脚部练习的方法。

脚步的 pop 其实也就是大家所说的胯下的 pop，很多人都把它想得很复杂，其实胯下的练习比手部练习更加容易，下面就跟着我注意利用膝盖。

①先站起来，然后膝盖向前稍微弯曲，有点像要坐下的感觉。

②从第一点所说的，慢慢从这个动作站起来，记得是慢慢地把脚打直，但别用力。

③慢慢地站起来，脚快要站直的时候，突然在这里用力快速把脚打直（也就是膝盖往后），这样反复练习就能够做好跨下的 pop 了。记得臀部不要用力或者往里收，那是不正确的练习方法。

这个脚部的练习要配合上手部的练习才好，这样才自然。

第三，头部练习的方法。

头部的练习就是头部往 *45* 度角的方向用力来达到的一种效果，打个比方：

我们经常在路上碰见熟人的时候都会叫一声"喂"，当你在叫别人"喂"的时候，头部是不是有点稍微向上点了一下，那一"点"其实就是头部的 pop 了，只是你要用力而且要在短时间内完成而已。注意是先保持原来轻松的表情，突然叫别人"喂"一声，反复练习就会学会头部的 pop 了，但是下颚别用力，用力的部分是在后脑勺。

第四，胸部练习的方法。

胸部不用练习，等练会以上三点以后，胸部自然就会 pop 了。但是，真正单一的胸震是需要练习的，练习方法是先把腰挺直，会感觉到腰有点酸，注意提胸，然后慢慢放松的时候突然做一个 pop，但是这个 pop 不是腰部发力，把腰挺直只是为了 POP 更漂亮。

给初学者的几点建议：

①手臂上的 pop 主要用到的是三头肌和桡侧腕短伸肌。可以尝试做这样的动作：五个手指扶住墙壁，然后用手心去推墙（注意肘关节自然弯曲，不要用力）。在这个动作里用到的肌肉群，大致就是手臂上的 pop 位置。

②胸部的肌肉是垂直向上走的。反过来说，如果胸肌不是向上走的，势必会牵连到脊椎关节的弯曲。另外，胸肌的 pop 和颈部肌肉的 pop 一般是同时完成的。可以这样理解：胸肌往上走的时候，头部保持原来的位置或者略微下压，这样自然就压迫到脖子上的肌肉了。另外，怎样去锻炼颈部的肌肉呢？可以尝试发两个音：一个是"噢"，这个口型张到最大的时候，很自然地可以绷紧胸锁乳头肌；另外一个

是"哈"，最大幅度地去做这个口型，可以绷紧肩胛提肌和肩胛舌骨肌，这三块肌肉是做颈部 pop 的重要来源。另外，有的时候你会看到舞者在台上笑得很开，这样不单是为了渲染气氛，也是轻松完成脖子上爆点的好办法。

③腿部的 pop 是唯一需要利用关节才能完成的 pop。因为膝盖在自然弯曲的情况下很难绷紧大腿上的各部分肌肉。另外需要补充的是，下盘的 pop 不单单只靠大腿肌来完成，在一些特定的动作里，也会用到臀部和后腰的肌肉。

（3）Hip-Hop

Hip-Hop 翻译过来是嘻哈，rap 翻译过来是饶舌，这两个概念不同。Hip-Hop 实际上不是音乐名词而是文化名词，包括说唱、涂鸦、街舞等部分；rap 起源于 20 世纪 60 年代，而作为音乐理解的 Hip-Hop 则起源于 20 世纪 70 年代初，它的前身是 rap。

Hip-Hop 从字面上来看，Hip 是臀部，Hop 是单脚跳，加在一起就是轻扭摆臀，原先指的是雏形阶段的街舞（也就是我们以前说的霹雳舞），后来才逐渐发展成一种巨大的概念——我们现在说的 Hip-Hop 文化还包括了那些宽大的衣服、沉甸甸的金属饰品、平时说话的口语习惯等。Hip-Hop 的根源是 20 世纪 70 年代初，美国整体的经济状况改善，黑人初步获取了自己的社会地位，建立了属于自己的社区。黑人有两大天赋：一是运动；二是音乐。从爵士乐到摇滚乐，如今是 rap。Hip-Hop 的出现并不是一天的事情，而是在漫长的发展过程中渐渐成型并确立门派的。

虽然 20 世纪 90 年代后期 Hip-Hop 文化才在我们身边崛起，但实际上早在 20 世纪 80 年代 Hip-Hop 风潮就已经开始从美国出发席卷整个西方世界了。而到了 20 世纪 90 年代，又出现了无以计数的嘻哈音乐表演者，他们逐渐使这种来自民间的音乐形式成为了主流音乐市场中最重要的组成部分，Hip-Hop 音乐成为了美国娱乐产业的创收大户。

2. 街舞的训练方法

街舞训练注意事项

①初步学习街舞时，不可一下子就加大运动量，要循序渐进。通常是先做热身活动，将身体的各个关节、韧带，尤其是膝、踝关节充分活动开，以免在跳动时损伤；而后进入一定强度和时间的练习，最好不要少于 30 分钟；最后采用各种拉伸练习使身体放松。

②由于每个人的年龄、体能和健康状况不同，因此每个人的运动强度各不相同。运动强度一般用"最大心率"表示。

③因为街舞有独特的动作，所以难度较大，而且有一定的危险，建议在训练的时候戴护具，如护腕、护肘、护膝等初练街舞最吃力的部位是手腕和胳膊，尤其是手腕，一定要小心。

④跳街舞不是简单的做动作，重要的是要和 Hip-Hop 融为一体，训练的时候可以放自己喜欢的 Hip-Hop 音乐，跟着音乐随意扭动身体，breaking 的动作没有太大的限制，可以自由编排，很能表现

个性。

音乐的选择比较重要，音乐是舞蹈的灵魂，如果音乐选择不当，则已败了一半，音乐节奏要明显，重拍强劲，节奏为 *90 ～ 110* 拍/分钟。

⑤基本动作要有韧性、弹性。头：左右摆头。肩：提肩（单双）、绕肩（前后）。胸：含胸、挺胸、绕胸。髋：绕髋、顶髋、转髋。膝：绕膝、转膝。踝：提踵、侧蹬，保持踝关节紧张。

⑥服饰提示：宽大的 T 恤、棒球帽、紧身背心、运动鞋等都可以是你的选择，不过要提醒你，在追求时尚、个性化的同时，不要忽视美观，要选择适合自己的服饰。

⑦ Hip-Hop 入门。可选择一些 Hip-Hop 音乐适应一下节奏特点，并随着节奏随意舞动几下。在跟教练学习时，按着教练分解动作的程序进行，如先学好下肢动作，再逐渐加上上肢、头部等动作，先慢后快，不要急于求成。

街舞爱好者应具备的要素

①团结。想必大家都知道，一个团体的团结，并不像说得那么容易。要注意人际关系、团内队员的协调。

②自信。一个团体内如果各个队员都对自己有信心，加上勤奋练习，相信进步会很快。一个人要是没有了自信，他将一事无成，更别说是团体了。

③坚持。要坚持下去，才能取得好的成绩，千万不要半途而废。

④努力。一个团体的成功跟努力是分不开的。一个团体想成功，

不单单要一个队员或者是几个队员的努力，而是团队一起努力。

⑤资料。一个团体必须要队员能找到好的资料、好的音乐提供给团内的队员学习及提高自己对音乐的认识。接受新的知识，自己也会进步。

⑥比赛。一个团体水平如果有了进步，就可以去比赛。通过比赛可以获得经验，也可以知道自己的缺点还有跟其他的团体的差距。

街舞常用词汇

B-boy：breaking boy、boogie boy，只要是跳 breaking 的舞者都叫 B-boy。

crew：B-boy 的团体。

battle：个人或团体间的舞蹈挑战。

slides：拉着自己滑过地板，这个词就告诉舞者该做"滑"的动作。

1990：倒立且旋转，然后随着身体重量的移转由一只手换到另一只手做动作，做到脚着地为止（俗称"手转"）。

2000：用一只手倒立，尽可能地旋转，直到脚着地为止（又称"倒立手转"）。

airplane：风车加上双手向两旁尽量伸展，高到你可以抓住它们。

air swipe：开始时，双手双脚都放在地上，脸朝上，一只手支撑住身体的重量，脚往上踢然后旋转，在脚着地前另一只手先着地，如果做得正确的话应该整个身体都能旋转到。

applejack：一个最基本的动作向其他人挑战街舞，双脚蹲下，背向后仰双手支撑，然后一只脚向空中踢，踢得越高越好。然后双脚向后跳跃，重复。

backspin：利用背部做旋转的表演。所有的重量平衡在背的上半部，脚缩起来尽量靠近身体。旋转的要诀就是双脚在空中做圆形的划动。（俗称"背旋"）

backswipe：和 airswipe 是相同的，但是脚要在动作做到一半的时候加进来，改变方向回到开始时的动作。

bellymill：就像风车一样，不同的是不是用手或用头去转，而是用胃（肚皮）。

boomerang：开始时坐在地上，双脚在身前形成 V 字形，然后手撑在双脚间，接下来撑起身体，直到手能碰地，然后转圈。

bronco：先从脚开始，只有一只手向下，脚往后踢然后脚又再次放下，重复所有的动作。

bunny hop：双脚在身前伸直向上，然后转圈上下跳动。

downrock：用手的中心支撑着整个舞者的重量然后腿和脚持续地做有节奏的圆形的舞动，腿和脚的动作绕着手的动作做。通常会结合 freeze 和 hesitation 动作，并且是在其他动作之后紧接着做。

flare：类似于风车，脚一样要在空中做很大的圆圈，但是不要动肩膀，而是将重量放在双手上。

float：用手让身体做水平的平衡，脚要弯曲以帮助平衡。

halo：风车的动作，但是不是由肩膀转到肩膀，而是用头去转。

handglide：与 float 的动作相似，不同的是只有一只手支撑身体，

185

另一只手帮忙去推着旋转。

headslide：当一个动作完成后反转，用头停住。

headspin：用头转，用手和脚去开始旋转（就是头转）。

helicopter：一只脚在身体下，另一只脚向外伸展，另一支伸展的脚则是做 horozontal plane 画圆动作时仍然持续伸直，然后越过另一只脚底下再绕到前面去。

hesitations（freeze）：在做 downrock 圆圈动作时，停止或暂停。

kip-up：背部平躺撑起，脚在后面转动然后把脚踢向空中，上半身跟着起来再用脚着地。

knee spin：所有的重量都平衡在碰到地板的那一只膝盖上，另一只脚则伸起在高处，旋转的要诀就是利用双手去推，速度的增加是在一连串动作做完后靠着在后面的脚拉向自己的身体以产生速度。

nutcracker：用手盖住胯下的部分做风车。

rubberband：做 kip-up 的动作，然后背部下降再重复做一次 kip-up。

spider：这被认为是一个很需要弹性的动作。大腿放在背后，膝盖放在肩膀上靠近耳朵的位置，小腿在前面，重量平衡在手或脚或是两者之间。

swirl：和 handglide 类似，不同的是用前臂旋转而不是手。

toprock：基本的直立的舞步。每一个人做得都不一样，通常被用来作为一段舞蹈开始的前导，或是一组舞蹈和一组舞蹈中间的衔接，或是在激烈的舞蹈动作之后给自己一个休息的时间。

turtle：在 float 动作中，身体整个做完整的旋转，旋转动作的完成靠重量从一只手臂转换至另一只手臂，然后手做圆形的动作，而不运用身体的力量，另一只手再做同样的动作。

two legged applejack：和 apple jack 一样，不同的是并非踢一只脚，而是踢两只脚。

UFO：和 turtle 相似的旋转动作，不同的是身体是直立的，蹲下，双手伸直，膝盖在手外面，脚不着地。

uprock：uprock 是一种舞蹈的战斗，舞者之间非常靠近但却不触碰到，有很多持续的动作和律动（俗称"战斗舞"）。

windmill：从一个肩膀转向另一个肩膀，双脚持续地在空中旋转。

worm：用腹部躺着，做波浪形的动作从前到后，看起来就像一只虫在蠕动，在中国台湾有人称这个动作为"蟒蛇"。

copoeira：流畅的舞蹈动作做得相当贴近地面，动作随着上升的旋律来做。

现代舞同街舞有何不同

现代舞从严格意义上讲是针对古典舞而讲的，古典舞是有严格的式化格式，以开、蹦、直为主要表现形式。现代舞却突出自由、流畅、舒展，它不拘一格，主张突出个性与独特的创意及表现形式。街舞主要指青年人自娱自乐的舞蹈形式，从 20 世纪初开始流行的娱乐性舞蹈，形式多种多样，如 disco、霹雳舞等，健康街舞是以上述流行舞蹈为素材，依照体育健身的原则与方法形式的独具魅力的体育健身形式。

街舞的热身运动

街舞对身体的伤害主要是外伤，所以只要做好防护措施就可以减少伤害。

街舞运用到关节的地方很多，所以关节的保养是首要的。例如，护膝、护肘、护腕这些护具在练习时可以使用。

在训练或比赛开始之前先做几分钟的热身运动对身体和注意力都是很好的准备过程。热身给大脑以刺激，让身体为更强的运动做好准备；热身还可以避免运动中突然用力而拉伤肌肉；许多其他的损伤也可以通过正确的热身运动来防止。

热身运动最好从系统的拉伸活动开始。拉伸时要缓慢，避免突然用力，被拉伸的那部分肌肉一定不要用力。拉伸之后，应该做一些一般性的准备活动，如轻微的原地跑跳等，既调动了内脏器官，又让全身的关节得到了预热。

首先，腿部拉筋动作，跳舞时，腿部的运动量最大，所以上场前必须将两腿经络拉开、肌肉放松，左右腿各拉 20 下，否则有可能会在台上跳到一半抽筋、扭伤。

其次，腰背部的扭转动作，做完左腿换右腿，街舞会用到腰、背、大腿的肌肉，虽然这些细部动作看起来很简单，但实际上难度却非常高，这个热身动作，可以避免腰、背部的扭伤或拉伤。有些人跳完舞后，隔天背部痛到不能起床，就是未做好热身，因而造成背部拉伤。

最后，手臂与背部的延展动作，这个动作不仅可让手臂、背部肌肉放松，还能将上半身的筋络拉开，这个动作做得扎实，跳起舞来做出超大幅度的动作也轻而易举。这些大动作完成后，上场前还要甩甩手腕、转转脚踝，这些细节动作，当然就是防止腕踝关节受伤。

热身时主要几处应该被拉伸的肌肉：大腿后部、大腿内侧、小腿、背部、肩部。

拉伸大腿后部肌肉

坐在地上，把要拉伸的腿在体前伸直，弯曲另一条腿，整条腿的外侧贴近地面，与伸直的腿组成三角形，背部挺直，从胯部尽量向前屈，双手抓住伸直腿的脚尖，保持这个姿势 20 分钟，手触脚尖时不允许有弹动式动作（触不到脚尖也没关系）。

拉伸大腿内侧肌肉——方法一

坐姿，双脚脚底相互贴近，膝盖向外撑并尽量靠近地面，双手抓住双脚踝，保持这个姿势，数 10 秒，放松，然后重复 3 次。

拉伸大腿内侧肌肉——方法二

坐姿，双脚在体前伸直并分开，保持背部和膝盖挺直，从胯部向前屈体，双手从腿内侧去抓住双腿的脚踝，保持这个姿势，感觉大腿内侧被拉紧，放松，然后重复。

拉伸小腿（后部）肌肉

俯身，用双臂和一条腿（伸直，脚尖着地）支撑身体，另一条腿屈于体前放松，身体重心集中于支撑脚的脚尖处，脚跟向后、向下用力，感觉到小腿后部肌肉被拉紧，保持紧张状态，数 10 秒，放松，重复 3 次，然后换另一条腿做 3 次。

拉伸肩部肌肉

仰卧，抬起一条腿，抓住大腿靠近膝盖一端，用力拉向胸部，保持另一条腿伸直并贴近地面，头部也不能离开地面，保持这个姿势，数10秒，重复3次，并换腿。

拉伸肩部肌肉——方法一

用一只手从外、后侧抓住对侧手臂肘部，拉向被抓手臂的对侧，保持姿势数10秒，重复3次，然后拉伸另一侧肩部。

拉伸肩部肌肉——方法二

双手手指在头顶交叉互握，掌心朝上，双臂向上，向后伸展，保持15秒。

拉伸肩部肌肉——方法三

一只手臂向上伸直，然后前臂向脑后弯曲，放松，用对侧手从脑后抓住其肘部，向其对侧缓慢拉动，保持15秒。

3. 街舞的训练窍门

第一，练习街舞时所用的是非常有特点的Hip-Hop节奏，所以在练习前首先要熟悉并适应伴奏音乐的特点。如果一听到音乐，就可以很准确、自如地踏上步点并与音乐合拍，那便可以开始学习街舞了。

第二，在练习广播体操、健美操时，可能教练对大部分动作的要求是"横平竖直"，而街舞更多地是强调随意性，要求动作松弛，所以练习时您要尽可能放松自己的肌肉、关节，让它们更灵活。

第三，在跟教练学习时，一般有一定的程序：

①听音乐，熟悉节奏；

②眼睛盯住教练的脚，学会步伐；

③下肢动作熟悉后，可以学习躯干和上肢等部位动作。

注意：全身各部位动作的同步性是关键，也就是说把下肢动作和躯干与上肢等部位动作结合好。

①向左转体90°，右脚向前下方蹬出。

②依次绕肩，左肩上提，头向左转。

③向右转体90°，两脚向两侧蹬出，同时扩胸。

④右腿提膝，同时转体180°向左。

⑤右腿提膝后下蹬至左侧，后脚落地。

⑥左腿向左侧迈出，两脚开立，双膝内扣，含胸同时双臂交叉。

⑦左腿提膝后下蹬，同时转体180°向右。

⑧右腿向右侧迈出，两脚开立，同时脚向外转动，两臂张开并扩胸。

4．街舞基本舞步训练

滑步

大腿用力抬高，接着脚尖连续向前踩，身体微向前倾。

倒退踩步

双脚连续向后伸直并且用力向后踢，同时身体往仰。

划步

双手呈握杆状，两腿伸直朝侧踢开同时进行。

螃蟹脚

脚步呈内外八字，不停开合，左右交换重心。

弹簧人

手肘侧敲击，大腿跟着用力举起轻轻踩踏。

左右摇摆

身体微前倾，扭腰，用力左右摆动。

剪刀脚

身体侧面向前踩，单脚踏步后加上交叉。

弹簧脚

脚步呈内外八字不停开合后往上跳跃。

Hip-Hop 最难的就是感觉。那么，我们怎么才可以练这种感觉呢？

第一步：首先，必须对 Hip-Hop 有比较热爱。

第二步：准备 Hip-Hop 舞曲。

第三步：准备低音音响（为的是更好地练习乐感）。

第四步：选出自己最喜欢的音乐。

第五步：尽量把音乐放大声，跟着音乐的节奏先练一下肩部（让肩部只上下前后抖动）；一开始可能会觉得很枯燥，不过在跳 Hip-Hop 这种舞时，肩部是最重要的感觉部分。

第六步：继续上一步骤，练习腿和膝部的上下弹性。

第七步：跟着音乐练习，左、右腿一步一步先后向后退，同时也可练习向前。

第八步：练习手关节的柔软性（像波浪一样从手指尖到肩膀，左右手都要练）。

第九步：练习脚尖。跟随音乐练习只用脚尖来走步及前后左右弹跳。在练习此步骤时一定要注意，不要让全部脚平面都搭地。

第十步：结合以上的所有步骤随意地摇摆全身，这样一来 Hip-Hop 起步就有基础了。

通常在刚刚开始时最好准备一个大一点的镜子，对着镜子练习效果比较好。在起步时可能会感觉练习很枯燥乏味，而且很累，但是一定要有毅力坚持不懈的练习。有一些人在练习中可能会找不到感觉，但不要觉得自己没有天份，很多有名的舞者都是在平常走路时或在不经意中找到感觉的。

5. 街舞训练技巧

街舞滑步技巧

左脚提脚根，在压脚跟时，右脚伸直，全脚掌向后平滑，当右足尖滑至左脚跟处时，使脚尖点地，脚跟提起，脚背与地面垂直，接着右脚压脚跟，左腿伸直全脚掌向后平滑，使足尖滑至右脚跟处，使脚尖点地，左脚跟提起，脚背与地面垂直，左右脚交替完成后滑动作。

动作要点是一个脚跟触地，另一个脚跟即提起，反复交替进行。当向后平滑的脚停止滑动后，脚尖点地，脚背与地面垂直。当动作熟练后可加大后滑的步幅，练习时注意控制身体重心。

要站稳，滑动的时候尽量轻盈一点，踮起的那只脚被没踮起的那只脚带动。

几种街舞动作的技巧

（1）风车

首先，左手撑在肚脐的左侧，双脚张开成大字型，然后左脚抬高，往斜下方用力扫，在这同时左手放开，让左手沿着手臂至背部的顺序让身体着地（身体的着地点在背的上方二分之一处，如果着地点太低，风车是不可能转得起来的，舞者也会因此而摔伤，所以在身体下去时腰也要适时地抬起），当身体下去完全没问题时必须要用双手把身体撑起成原来的起步方式（脚尽量以不碰地为原则），然后再按照同样的步骤进行操作就可以练成风车了。

练风车常见的问题：

①起步时常摔到，是因为起步时腰没有抬高，着地点太低而导致的。

②在接圈时脚会碰到地板，是因为腰没抬高，在接圈时身体必须比脚先转到半圈才能接。

风车要注意的地方：

①腰要抬高；

②起步时脚要用力扫；

③起步手放开的时机要对；

④转风车时切记脚一定要张得很开不能闭合。

（2）托马斯

双脚张开成"大"字形，然后左手伸直撑地。左脚用力往右脚脚跟的方向扫，右脚朝头的方向用力踢高，在这同时左脚也必须往头的方向用力踢高，使两只手撑着地面，双脚腾空，腰往前挺直，然后左脚继续保持在空中，右脚往斜后方拉回原来右脚起步的方向，左手远离地面，仅剩右手撑住整个身体。

练托马斯的重点：

①臂力、脚扫动的力量和腰力要够大；

②脚要有画圆的感觉；

③要抓住换手的时间。

（3）无限头转

①固定腰部后要准备好把身体以垂直的角度转动，一定要保持好身体的重心；

②以不失重心为目标，使腰部转动；

③转完一圈后用双手重新找回重心，在不断地增加回转圈数的同时注意速度；

④随着回转速度的加快，在注意重心的同时放开双手，以腰部和腿把握重心；

⑤把腰弓起来，把力用在脖子上，试试把腿慢慢往下拉。用手把住腿，把握重心。

（4）1990 双手转

①为了回转身体，在准备时就转动身体；

②为了把身体倒立，右手要靠近左脚，而后让左脚向上；

③左手在适当的时候调整位置，把右腿向后上方提起后做出一样的动作；

④把分叉的腿回收，用左肩支撑身体后，使身体和腿部转动。

街舞中的倒立技巧

倒立主要靠的不是臂力、腰力等，而是腰的平衡。

首先，倒立的时候手的姿势要注意，很多朋友看了网上的视频或文章被误导，觉得倒立只需要臂力腰力而忽略了着手点、手的姿势，而把倒立的动作复杂化了，下面是倒立的要领：

①手不要并拢，要大幅度地张开，手指间的角度越大越好。

②手张开后把手放到地面上贴地，手腕成 *90°*。

③以上动作做好后开始用手抓地，确切点，就是手指肚用力向下按。

④接下来倒立一下。

⑤倒立起来后不是用手掌按地，而是像第三步那样抓地，这样开始时手腕会有些酸疼，是因为骨头没有这么大幅度地活动过。这样保持一会，腿跟腰最好自然地竖直向上，不要用力，用力的部位是手，就像平常站着不用腿的力量一样。

⑥头自然一些，不要用力向前或向后伸。

有时间的话每天练习四五次，每次最好倒立到不能倒立的程度，那样大脑跟其他肢体适应得快，平衡也就掌握得快。